I0842568

Contratación y capacitación: factores de permanencia del capital humano en las PYMES

CONTRATACIÓN Y CAPACITACIÓN: FACTORES DE PERMANENCIA DEL CAPITAL HUMANO EN LAS PYMES

Tirso Javier Hernández Gracia
Karina Valencia Sandoval
Danae Duana Ávila
Ma. Del Rosario García Velázquez
Coordinadores

Primera edición: marzo 2018

Formación tipográfica:MarioMeraMartínez

Este libro fue realizado con el apoyo del Fondo PFCE 2016.

El trabajo de edición de la presente obra, fue realizado en el taller de edición de
Plaza y Valdés, ubicado en el Reclusorio Preventivo Varonil Norte en la Ciudad de
México, gracias a las facilidades prestadas por todas las autoridades del Sistema
Penitenciario, en especial, a la Dirección Ejecutiva de Trabajo Penitenciario.

Contenido

Prólogo

Apreciables lectores, en esta obra literaria de gran interés, diversos autores se reúnen para presentar un panorama general de la importancia que tienen los procesos de contratación y capacitación para las PYMES (Pequeñas y Medianas Empresas), toda vez que del correcto manejo dependerá el que un trabajador pueda desarrollarse y permanecer dentro de la organización por muchos años. Hoy en día, los procesos para contratar a un trabajador dentro de una empresa son más rigurosos y complejos, ya que de ello depende que la selección del capital humano sea el idóneo, es decir, que exista la certeza de que es la persona ideal y de que podrá desempeñarse de forma transcendental y cumplir con los objetivos y retos que exige el puesto. En el presente libro, se abordan algunos conceptos de lo que significa el proceso de contratación y las principales pruebas o exámenes que se aplican, sobre todo desde el ámbito de la Psicología, como son test psicológicos, el currículum vitae, la entrevista, las pruebas de simulación, entre otros. Es necesario resaltar un tema muy interesante y que quizás pocas veces se menciona en el mundo laboral: "la discriminación", la cual se presenta precisamente dentro de la etapa de contratación y tiene que ver con el género, la cultura, la apariencia, los hábitos, entre otros aspectos, pero sobre todo, es importante destacar la posibilidad de conocer qué hacer en estos casos.

Cuando hablamos de capacitación en el ámbito laboral, se generan diversos pensamientos y sentimientos encontrados, toda vez que por un lado el trabajador siente la necesidad de que se le dote de conocimientos y habilidades de manera recurrente con el fin de poder desempeñar mejor sus actividades laborales y con ello, también aspirar a un desarrollo en el aspecto económico, mientras que por el otro, los dueños de las empresas saben que ello significa empoderar al empleado (capacidad laboral) y también una erogación o gasto importante ya que al convertir a sus empleados en personas mejor capacitadas, de forma necesaria habrá exigencia de mejora salarial y esto puede ser un factor ccrítico para que continúe o no la relación laboral entre los empleados y los dueños de las empresas. Por fortuna en estos tiempos, cada vez más empresarios enfocan su atención en la capacitación como una necesidad de vital importancia, toda vez que ésta contribuye con el desarrollo de sus recursos humanos en la formación ética y profesional, conceptos necesarios para que un trabajador sea competitivo en sus tareas y colabore con el éxito empresarial.

En nuestro país, el viejo paradigma ha evolucionado, ahora en las PYMES visualizan la capacitación como una inversión y no como un gasto, ya que del entrenamiento del personal depende el nivel de productividad y resultados esperados, así como de la calidad de los servicios y de los productos que ofrece al consumidor. Amigo lector, con la lectura de esta obra, usted podrá tener la oportunidad de conocer este ámbito desde sus conceptos esenciales, principales necesidades, la importancia que hoy en día tienen las redes sociales y los servicios de *outsourcing* como estrategias de capacitación, el rol que desempeña la comunicación, la legislación y el marco normativo, pero sobre todo, dos casos de éxito que se exponen en los capítulos finales, en los cuales la capacitación ha sido un factor clave para el éxito de algunas empresas mexicanas.

El presente libro, está dividido en once capítulos, en los que se da a conocer, de manera sucinta (y en algunos casos con mayor detalle) los principales aspectos relacionados con la contratación y capacitación del personal, vistos como herramientas necesarias que determinan la permanencia y éxito de las PYMES en la actualidad. Esta obra es recomendada para estudiantes, trabajadores y empresarios que deseen conocer y sumergirse en este tipo de tópicos que son importantes y necesarios, ya que como se ha escuchado y leído tantas veces: "el recurso humano es el principal activo dentro de una organización", es el que aporta mayor valor a una empresa, sobre todo en estos días que sabemos de la gran problemática que enfrentan este tipo de organizaciones para lograr sobrevivir y tener éxito, lo cual nos abre la posibilidad siempre de intentar desafiar con estrategias esa realidad.

Finalmente, agradecemos la participación entusiasta de los Profesores Investigadores y alumnos del Colegio de Postgraduados (Campus Montecillo), la Universidad Autónoma de Tlaxcala y por supuesto, de la anfitriona, la Universidad Autónoma del Estado de Hidalgo.

LOS COORDINADORES DE LA OBRA.

Resumen

La importancia del capital humano en su labor dentro de las organizaciones, genera la posibilidad de posesionarlas en altos niveles competitivos, lo cual implica que la selección del personal idóneo para ocupar los puestos dentro de las empresas, debe realizarse a partir de un análisis escrupuloso tanto interno como externo que facilite la toma de decisiones en un proceso de contratación.

El objetivo de esta obra es ofrecer los elementos mínimos indispensables para que las empresas identifiquen qué y cómo hacer sus procesos de contratación, así como el formar a su capital humano bajo lo establecido por normas y leyes, para no incurrir en actos que perjudiquen al trabajador y a la misma empresa.

Por ello se describe que la contratación refiere al medio para que la organización atraiga al personal que contribuya a lograr sus objetivos, este personal debe cumplir con una serie de fases claramente definidas, teniendo como base lo que establece el sistema jurídico al respecto, de igual manera se analizan las problemáticas actuales y cómo repercuten en el crecimiento y permanencia de las empresas. Las herramientas para elegir a los candidatos deben contener la detección de conocimientos, experiencia, destrezas, capacidades y habilidades, debido a que el éxito de las empresas en gran medida depende de la selección correcta de éstos. Se debe tener el dominio sobre dichas herramientas (medición e interpretación), ya que se eligen de acuerdo al propósito y permite la toma de decisiones.

De manera desafortunada, durante el proceso de contratación los aspirantes se han encontrado con un cúmulo de acciones discriminatorias, cerrándoles por un lado, la oportunidad de integrarse a una actividad laboral y, por otro, en la misma empresa perder la posibilidad de contar con grandes talentos.

Si bien el propósito de las organizaciones es ser altamente competitivas, existe la necesidad de mantener capacitado al personal de forma recurrente, en conocimientos, procesos y acciones necesarias para desempeñarse de manera correcta en el puesto que ocupa. La función de capacitación es mejorar el presente y ayudar a construir un futuro en el que la fuerza de trabajo esté formada y preparada para superarse de forma continua, acciones que tienen como base normativa la *Ley Federal del Trabajo* y la *Regulación de la Capacitación en México*. Las organizaciones se enfrentan con grandes dificultades, una de las principales es, el alto índice de rotación, lo que convierte a la capacitación en un reto para sus líderes y administradores, debido a que ésta representa una importante inversión, por lo que es necesario implementar estrategias, que lejos de generar un problema económico, sea costeable; que la actualización y capacitación de los trabajadores permita consolidar y aprovechar los beneficios, en el capital intelectual y un cambio significativo en la transformación productiva y desarrollo empresarial.

Para evitar el incremento de los costos que implica la contratación y capacitación, un número considerable de empresas ha optado por implementar la estrategia haciendo uso del *outsourcing* como vía para contar con el personal idóneo, lo que ha implicado grandes ventajas, asimismo otro factor importante en el proceso para contratar personal, es la comunicación, debido a que es necesario que fluya la información, sea correcta y comprensible para los interesados a ocupar un puesto, de igual manera para transmitir una tarea necesaria y además, de gran importancia para el funcionamiento de cualquier tipo de organización. Una apropiada comunicación interna en las empresas, es una estrategia fundamental para un buen funcionamiento, principalmente para mejorar el rendimiento de los colaboradores, y de esta manera, crear un valor agregado para garantizar una ventaja competitiva.

Lo anterior se puede observar a partir del desarrollo de investigaciones, que permiten elaborar estrategias, cubrir necesidades y solucionar problemas. Una situación documentada se demostró cuando la capacitación y conducción aplicadas a pequeños productores les contribuyó a formalizar su compromiso y ejecución de acciones para elevar la producción en el campo, llevando sus productos a los anaqueles del supermercado con un desempeño favorable. Otro caso investigado es cuando se considera la capacitación como factor de desarrollo empresarial que permite despertar las habilidades y destrezas necesarias para mejorar el desempeño de las actividades, es decir, ser más competitivos. Finalmente se puede concluir que hoy en día las empresas usan la capacitación como una herramienta para mejorar su productividad laboral, administrativa, financiera, comercial, entre otras. En pocas palabras, utilizan los procesos de capacitación para mejorar la competitividad empresarial.

Capítulo 1
La contratación de personal

Eleazar Villegas González

Introducción

El Gobierno, el sector empresarial, los sindicatos y los trabajadores en su conjunto, son pieza clave en la generación de indicadores que fomentan la productividad en las empresas, ya que gobierno y empresa, a través de estrategias correctas, mejorarían los salarios de la clase trabajadora, incentivando con ello un crecimiento y desarrollo económico que permee al país. Por su parte, los sindicatos y los trabajadores, al ser remunerados con salarios justos y mejores prestaciones, se comprometerían al incremento de la productividad y competitividad en sus centros de trabajo.

Para alcanzar tanto los indicadores de productividad como para mejorar las percepciones salariales de la clase obrera, deben de quedar enmarcadas en un documento conocido como contrato de prestación de servicios.

La contratación de personal se debe de llevar a cabo considerando lo que el sistema jurídico establece a través de sus leyes y reglamentos, en el caso de México la fuente generadora de derechos y obligaciones en materia laboral, están plasmados en la Carta Magna y en la *Ley Federal del Trabajo.*

Un trabajador, al saber que sus garantías individuales como subordinado están respaldadas, al estar suscritas en un contrato de trabajo, le genera un sentido de pertenencia hacia la empresa y a la vez de seguridad y estabilidad económica personal.

Es así que en este capítulo se analiza la problemática que en la actualidad se tiene en el tema de contratación de personal, y cómo la figura de "contratación de personal informal" va en aumento, lo cual repercute de forma negativa en el crecimiento y permanencia de las empresas y, por consiguiente, se reducen las fuentes de empleo. Asimismo, la obra presenta la literatura en torno a la contratación de personal, así como el marco legal y jurídico que aplica en México.

Problemática

De acuerdo con la Organización Internacional del Trabajo OIT (2015: 3), la economía mundial no está creando un número suficiente de puestos de trabajo, estimando que el desempleo a nivel mundial al año 2014 ha sido de 201 millones de personas. Esto a su vez ha complicado el ofrecer trabajo a más de 40 millones de personas que se incorporan al mercado laboral cada año. Esto ha propiciado que crezca el trabajo por cuenta propia, así como otras formas de empleo, las cuales quedan fuera del ámbito de acuerdos suscritos formalmente a través de la figura del contrato de prestación de servicios. Cada vez se suscriben menos contratos, los cuales se caracterizan por ser de corta duración, con horarios de trabajo irregulares y con escasas prestaciones. Por lo anterior el empleo informal es una práctica recurrente en muchas economías, tanto de países desarrollados como en economías emergentes y en vías de desarrollo.

De acuerdo con cálculos hechos por la OIT (2015: 4), de una muestra conformada por 90 países que representan el 84% del empleo total –3 países de ingresos bajos, 42 con ingresos medios y 35 con ingresos altos– se ha observado cómo menos del 45% de los trabajadores subordinados poseen un trabajo de tiempo completo y permanente, con una tendencia hacia la baja en últimas fechas. Esto permite aseverar que 6 de cada 10 puestos de trabajo son ocupados en forma de tiempo parcial o temporal, aunado a ello, son las mujeres quienes conforman una parte desproporcional de las personas empleadas en condiciones temporales y parciales (véase figura 1).

Otros factores que afectan la creación del empleo formal en las empresas son la implementación de nuevas tecnologías, así como nuevas formas en que se llevan a cabo los procesos productivos, lo que contribuye a una evolución en las relaciones laborales entre patrón y subordinado.

Figura 1. Distribución de la situación del empleo, por grupo de país según el ingreso, al año 2014

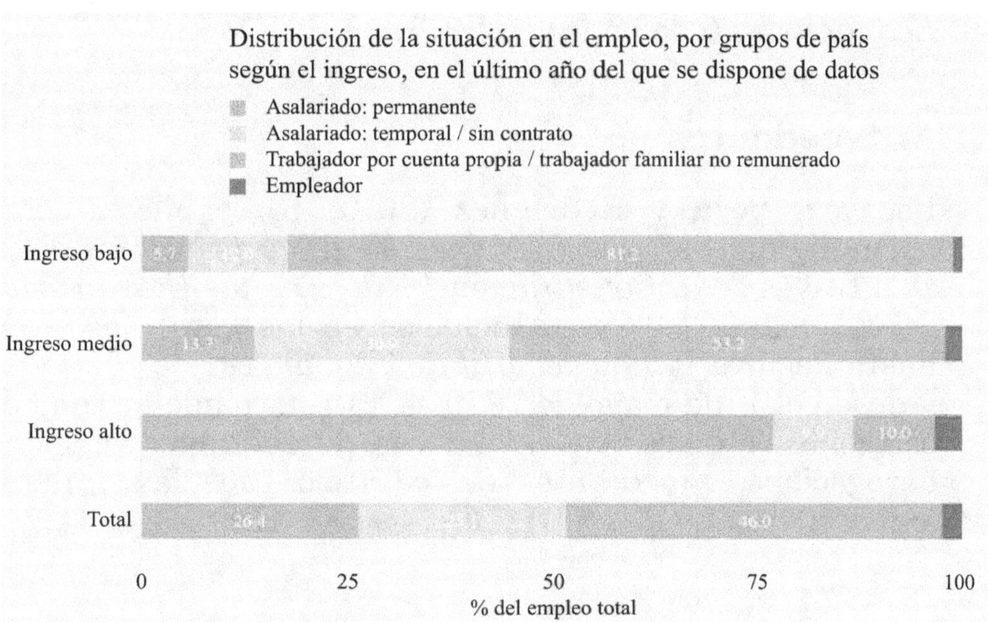

Fuente: Organización Internacional del Trabajo OIT (2015: 4).

De acuerdo con la Encuesta de Expectativas de Empleo Manpower Group México (2017: 1), de una muestra representativa de 4,800 empleadores mexicanos, el 20% de ellos reporta un incremento en sus plantillas laborales; 6% anticipa una disminución y 73% no prevee cambios, lo que permite corroborar que el empleo se encuentra en un estado mayormente estático (OIT, 2015).

Estas cifras permiten afirmar que existe un grave problema en relación con el empleo formal, ya que va en decadencia y, por consiguiente, son mínimas las prestaciones a las que en un momento dado pudiera aspirar un trabajador cuando formalice su relación laboral.

Un paliativo para los mexicanos, es que México en el mes de noviembre de 2016 ocupó el 5° lugar con la menor tasa de desempleo respecto a los países integrantes de la Organización para la Cooperación y el Desarrollo Económicos OCDE, sólo por detrás de Japón, Islandia y Corea (*El Economista*, 6 de enero de 2017).

Antecedentes

Lacavex, Sosa y Rodríguez (2010: 10) explican cómo la normatividad laboral en México se dio a principios del siglo XX a través de la *Constitución Política de los Estados Unidos Mexicanos de 1917* y su inclusión en las garantías sociales, hasta llegar a la *Ley Federal de Trabajo* LFT de 1930 y 1970, y desde el 1° de mayo de 1970 se ha reformado en más de 24 ocasiones a través de iniciativas de reformas, adiciones y derogaciones mediante el ejercicio de las diferentes legislaturas (LVII, LVIII, LIX, LX y LXI).

Marco legal

Debido a las condiciones que hoy en día imperan en el tema de la contratación del personal, muchas empresas han caído en prácticas incorrectas, siendo éstas inadecuadas e ilegales (*IDC, Expansión,* 2009). A continuación, los vicios más recurrentes:

- Se establecen periodos a prueba sin ninguna regulación, ni limitantes.
- No se llega a celebrar contratos de trabajo.
- Cuando se celebran contratos de trabajo, se renuevan constantemente con el fin de evitar que el trabajador genere antigüedad.
- Existe imprecisión en las condiciones de trabajo.
- Se registra un salario base de cotización ante el IMSS inferior al real.
- Se coaccionan a los trabajadores a firmar papeles en blanco desde su contratación para utilizarlos como renuncias.
- Se promueven campañas de mobbing o acosa laboral en contra de los trabajadores, originando con esto un desgaste emocional y psicológico que los orille a renunciar.

Por ello, para iniciar y mantener una relación sana patrón-trabajador, es necesario celebrar un contrato de trabajo, el cual por ley constituye una obligación para el patrón, así como un acto jurídico en el que se establecen las condiciones en que se generarán los derechos y obligaciones para ambas partes.

De acuerdo con el artículo 20 segundo párrafo y 21 de la *Ley Federal del Trabajo* LFT, se entiende por contrato individual de trabajo, aquel documento por virtual del cual una persona se obliga a prestar a otra un trabajo personal subordinado, mediante el pago de un salario, presumiendo su existencia entre una persona que presta su servicio y otra que lo recibe (Congreso de la Unión, 2015).

Asimismo debe de revestirse de formalidad, al plasmarse por escrito, formularse por duplicado, obligando con ello a las partes involucradas a lo expresamente pactado y aceptado por las mismas, así como a las consecuencias a que haya lugar (artículos 24 y 31 de la LFT).

Dentro de los elementos que debe de contener un contrato individual de trabajo, la LFT en su artículo 25 considera los siguientes:

- Nombre, nacionalidad, edad, sexo, estado civil, Clave Única de Registro de Población, Registro Federal de Contribuyentes y domicilio del trabajador y del patrón;
- Si la relación de trabajo es para obra o tiempo determinado, por temporada, de capacitación inicial o por tiempo indeterminado y, en su caso, si está sujeta a un periodo de prueba;
- El servicio o servicios que deban prestarse, los que se determinarán con la mayor precisión posible;
- El lugar o los lugares donde deba prestarse el trabajo;
- La duración de la jornada;
- La forma y el monto del salario;
- El día y el lugar de pago del salario;
- La indicación de que el trabajador será capacitado o adiestrado en los términos de los planes y programas establecidos o que se establezcan en la empresa, conforme a lo dispuesto en esta Ley; y,
- Otras condiciones de trabajo, tales como días de descanso, vacaciones y demás que convengan el trabajador y el patrón.

Cabe señalar que ante la falta de un contrato de trabajo en ningún momento se le priva al trabajador de sus derechos, de acuerdo con el artículo 26 de la LFT, imputándosele al patrón la falta de dicha formalidad. Además, la autoridad puede sancionar al patrón con una multa que va de 50 hasta 5 mil veces el salario mínimo general vigente (hoy en día se toma como base la unidad de medida y actualización UMA), de acuerdo con el artículo 1002 de la LFT.

Además de la multa, se genera una serie de problemas en el ámbito legal, durante y cuando concluya la relación laboral. Durante su existencia, se dan controversias acerca de días de descanso, duración de la jornada, monto del salario, que al no quedar especificados en un contrato, se genera un ambiente laboral adverso trayendo como consecuencia una disminución en la productividad. A veces, se llegan a interponer juicios laborales por diferencias en los pagos concedidos por conceptos como salarios, jornadas extraordinarias, prestaciones excesivas o inexistentes.

De acuerdo con el artículo 35 de la LFT, los contratos por su naturaleza y periodicidad se pueden clasificar en:

- Contrato por tiempo indeterminado: no se establece un tiempo específico de duración, utilizándose en aquellos casos en los que el trabajador es considerado como de base o planta.
- Contrato por tiempo determinado: sí se establece un tiempo específico de duración, utilizándose en aquellos casos en los que el trabajador se considera como eventual.
- Contrato por obra determinada: no se conoce el tiempo que dura la obra, y por consiguiente del contrato, por tal motivo, su fecha de vencimiento está sujeta propiamente a la duración de ésta.

- Contrato para capacitación inicial: el trabajador se compromete a prestar sus servicios de manera subordinada bajo la dirección y mando de su patrón, con el fin de adquirir conocimientos y habilidades para la realización de actividades específicas para un puesto en específico. Teniendo una duración máxima de 6 meses cuando se cubren puestos directivos, gerenciales y administrativos; y de 3 meses para puestos operativos y en lo general.
- Modalidad periodo a prueba: en realidad aplica más como una cláusula insertada en el contrato individual de trabajo, en contratos por tiempo indeterminado e determinado mayor a 180 días. Con el fin de verificar que el trabajador cumple con los requisitos y posee los conocimientos necesarios para ofrecer sus servicios.

Puntos a considerar previos al proceso de contratación

Pérez (2015), considera 8 acciones importantes previas a la celebración de un contrato de trabajo, las cuales se enfocan a mejorar los procesos de reclutamiento y selección del personal:

1. Realizar una descripción del puesto antes de llevar a cabo la publicación de la vacante: tomar en cuenta las especificaciones y características propias, para desempeñar el puesto.
2. Llevar a cabo un *benchmarking* con otra(s) empresa(s) del mismo giro, considerando los rangos salariales en el mercado nacional, con el fin de contar con un punto de comparación al momento de establecer tanto el salario como las prestaciones a ofrecer.
3. Difundir la vacante en redes sociales y plataformas digitales, con lo cual se estará incorporando al "reclutamiento social".

4. Llevar a cabo el proceso de reclutamiento a través de una empresa externa como lo puede ser una agencia de colocación.
5. Realizar entrevistas a los candidatos basándose en competencias laborales evaluando situaciones laborales pasadas y la forma en que ha resuelto los conflictos y cómo los ha afrontado.
6. Desarrollar entrevistas a través de una evaluación situacional con una dinámica de panel con 4 o 5 candidatos al mismo tiempo.
7. Reclutar y entrevistar a distancia aprovechando las nuevas tecnologías.
8. Validar la decisión mediante varios filtros como lo son, el jefe del departamento en el cual vaya a trabajar el candidato, el que será su jefe directo, la dirección, entre otros.

Conclusiones

Las empresas deben de ver a la contratación de personal como una puerta de oportunidad para establecer las bases sobre las cuales se desarrollarán las relaciones patrón-trabajador, teniendo con ello un mejor control y mayor certidumbre legal para ambas partes.

Los empresarios deben ser muy cuidadosos al momento de implementar estrategias en estos procesos de contratación de su personal, para ello deben de poseer un conocimiento pleno en el marco legal de la contratación, lo que les garantizará una captación correcta de talento humano, evitando errores que en un momento dado pudieran representar perjuicios económicos para sus empresas, ya sea debido a multas impuestas por parte de la autoridad por la violación a la normatividad laboral o, porque algún trabajador les ha interpuesto una demanda laboral.

Referencias

Congreso de la Unión, (2015), *Ley Federal del Trabajo*, México, Diario Oficial de la Federación del 12 de junio de 2015.

El Economista (16 de enero de 2017), México, entre los 5 países con menor desempleo de la OCDE, disponible en http://eleconomista.com.mx/economia-global/2017/01/16/mexico-entre-5-paises-menor-desempleo-ocde

IDC (2009), Errores en la contratación de personal, disponible en http://www.idconline.com.mx/laboral/2016/05/05/mexicanas-padecen-de-acoso-sexual-en-el-trabajo.

Lacavex, M. Sosa, Y. y Rodríguez, J. (2010), El proceso laboral en México, Visión jurisprudencial, disponible en https://archivos.juridicas.unam.mx/www/bjv/libros/8/3809/9.pdf

Manpower Group México (2017), Encuesta de Expectativas de Empleo, disponible en https://www.manpowergroup.com.mx/uploads/encuesta_de_expectativas/MX_0117.pdf

Organización Internacional del Trabajo OIT (2015), Perspectivas sociales y del empleo en el mundo: el empleo en plena mutación, disponible en http://www.ilo.org/wcmsp5/groups/public/---dgreports/---dcomm/---publ/documents/publication/wcms_368643.pdf .

Pérez, O. (2015), 8 mejores prácticas en reclutamiento y selección de personal, disponible en http://blog.peoplenext.com.mx/mejores-practicas-en-reclutamiento-y-seleccion-de-personal

Capítulo 2
Herramientas para la contratación de personal

Alejandra de Jesús Guzmán Dimas
Tirso Javier Hernández Gracia

Introducción

Ante el reto actual de globalización, las empresas están obligadas a ser más competitivas; para lograrlo, es necesario que lleven a cabo un análisis de su entorno externo y de los recursos de los que disponen para hacerle frente. Dentro de estos recursos, el más valioso es el humano, pues es el que posee los conocimientos, experiencia, destrezas, capacidades y habilidades necesarias para la consecución de los objetivos organizacionales (Bayona, Goñi, Madorrán, 2000: 2).

De ahí que el éxito empresarial dependa, en gran medida, de la buena elección de aspirantes. Esta práctica ha estado arraigada en la historia de dos disciplinas que desde hace largo tiempo trabajan de forma sinérgica: la Administración y la Psicología (Hernández, 2009: 138). El surgimiento de la Psicología en el ámbito organizacional se ubica hacia la década de 1960, a partir de los aportes teóricos de Münstenberg, considerado el "pionero en encauzar la psicología en la dirección aplicada" (Ibañez, 1992: 85). De acuerdo con Hernández (2009: 142), su interés se centró en el análisis de la relación empleado-organización, así como en los elementos que la mejoraran (tales como incentivos económicos, clima organizacional, entre otros); y, de igual forma, señaló la importancia de la utilización de test o pruebas psicológicas para la selección de personal. El empleo eficaz de éstas requiere de cierta familiarización con el instrumento para poder elegir la apropiada según el propósito, asimismo exige la interpretación adecuada de las puntuaciones, para lo cual es conveniente que no solo quienes las elaboran o aplican tengan conocimientos acerca de su naturaleza, sino también todo aquel que se sirva de sus resultados como base para la toma de decisiones.

Las pruebas psicométricas como herramienta para la contratación

La función de las pruebas psicológicas es medir las diferencias entre individuos o entre las reacciones de una misma persona en diferentes situaciones; sin embargo, existe una gran variedad en su naturaleza y propósito. El diagnóstico del retraso mental, sus usos clínicos y la evaluación de necesidades educativas son ámbitos que han sido un aliciente en el desarrollo de estas pruebas, así como también lo ha sido el proceso de selección de personal (Anastasi y Urbina, 1998: 2-4).

Para las organizaciones es indispensable elegir las herramientas adecuadas a utilizar en sus procesos de selección para garantizar que los mejores solicitantes cubran los puestos ofertados por la empresa y, de este modo, facilitar el logro de objetivos (Alonso, Moscoso y Cuadrado, 2015: 79). Algunas de dichas herramientas son el *currículum vitae,* la entrevista, las pruebas de simulación (Centros de Evaluación o *Assessment Center*) y, evidentemente, los test psicológicos (Hernández, 2009: 145-149), mismos de los cuales se debe procurar su óptima adaptación a las necesidades de la empresa y al perfil buscado (Gan y Berbel, 2007: 211).

Características

Diversos autores coinciden en que toda prueba que se jacte de tener un carácter científico debe cumplir con dos características básicas: confiabilidad y validez (Llanos, 2005; Pelekais *et al.* 2005, citados en Sánchez de Gallardo y Pirela de Faría, 2010: 111).

Confiabilidad

Chávez (2007, citado en Sánchez de Gallardo y Pirela de Faría, 2010: 111) define la confiabilidad como el "grado de congruencia con que se realiza la medición de una variable". De acuerdo con Münch y Ángeles (1990: 55), la definen como la "estabilidad, consistencia y exactitud de los resultados", de manera que debe buscar que los resultados obtenidos sean similares si se vuelven a aplicar bajo las mismas condiciones.

Por su parte, Aiken establece que (2003: 219), una prueba no es confiable ni puede utilizarse como parámetro en el comportamiento de las personas cuando las calificaciones de las pruebas varían significativamente (en el tiempo o en distintas situaciones) aun sin cambios permanentes resultados de aprendizaje, enfermedad o accidente, por ejemplo, en la persona evaluada.

Podría decirse que esta característica se relaciona con la constancia de los resultados; es decir, indica el grado en que los resultados son consistentes a través del tiempo (Llanos,

2005: 25). Existen tres métodos para lograr la confiabilidad, mismos que se explican en la tabla 1:

Tabla 1. Métodos para logra la confiabilidad

Coeficiente de estabilidad	Coeficiente de equivalencia	Coeficiente de equivalencia y estabilidad
Es la estabilidad de la ejecución a lo largo del tiempo: la consistencia en las calificaciones de una prueba y de su reaplicación posterior. Para calcular este tipo de confiabilidad se utiliza el diseño Test-Retest: dos aplicaciones de la misma prueba, separadas por un periodo (mínimo seis meses).	Es la correspondencia entre los resultados de la aplicación de dos pruebas que se supone son equivalentes. El método adecuado para calcular este tipo de confiabilidad consiste en diseñar dos formas paralelas de prueba.	Es la combinación de ambos coeficientes. Implica determinar la consistencia de los resultados de dos formas de una prueba e q u i v a l e n t e s, aplicadas en un intervalo de tiempo. Este tipo de confiabilidad se calcula mediante el diseño de dos formas paralelas de prueba y su aplicación en diferentes momentos, con una separación entre ellos de cuando menos seis meses.

Fuente: Tomada de Llanos (2005: 26).

La confiabilidad es un elemento necesario, pero no suficiente, de una buena prueba; de manera que además de ser confiables, las pruebas deben ser válidas (Cohen y Swerdlik, 2006: 112).

Validez

La validez es el grado en el que un instrumento realmente mide la variable que pretende medir. Los métodos por los cuales se determina la validez incluyen: el análisis de contenido de la prueba, cálculo de la correlación entre las calificaciones en la prueba y las calificaciones en el criterio de interés y la investigación de características psicológicas particulares o constructos medidos por la prueba (Hernández *et al.*, 2006: 277); la tabla 2 explica en qué consisten cada uno de ellos.

Tabla 2. Tipos de validez

De criterio	*De contenido*	*De constructo*
Pretende determinar el nivel de predicción del criterio a partir de las calificaciones; por lo tanto, la selección de los reactivos para conformar la prueba está orientada a predecir el criterio o variable.	Determina el nivel de desempeño de un individuo respecto a conocimientos en diversos campos. Los reactivos que constituyen la prueba son una muestra de los posibles reactivos tendientes a medir un amplio dominio. Evalúa cuán adecuadamente una muestra de reactivos representa el dominio relevante. Las calificaciones del individuo brindan inferencias respecto a la ejecución en el amplio dominio.	Se orienta al estudio de rasgos de personalidad y sus e x p r e s i o n e s, contribuyendo al estudio de las teorías psicológicas y las d i f e r e n c i a s individuales en distintas dimensiones y aspectos.

Fuente: Tomada de Llanos (2005: 27).

Es preciso señalar que, adicionalmente a las dos características mencionadas (confiabilidad y validez), una prueba debe estar estandarizada, es decir, debe aplicarse en iguales condiciones y en situaciones semejantes para todos los candidatos a fin de "disminuir la influencia de los errores y obtener una estimación más precisa" (Llanos, 2005: 27).

Clasificación de las pruebas psicométricas

De acuerdo con Alvarado (2003), no existe un solo criterio de clasificación de los test o pruebas psicométricas, éstos pueden clasificarse atendiendo a las características del material en *estructuradas* e *inestructuradas*. Las primeras son aquellas en que los instrumentos exigen respuestas orientadas a la realidad, el grado de variabilidad de las respuestas es poco flexible y requieren una actitud objetiva del candidato; ejemplo de éstas son las pruebas de inteligencia. En el otro extremo, están las inestructuradas, las cuales se caracterizan por un alto grado de subjetividad, las respuestas son flexibles ya que el material consiste en estímulos que poseen cierto grado de ambigüedad; las técnicas proyectivas de personalidad son un claro ejemplo de este tipo de pruebas.

Las pruebas psicométricas también pueden clasificarse de acuerdo con el tipo de puesto al que se dirige la vacante: directivos y mandos superiores, técnicos y licenciados, administrativos y subalternos, operarios, etcétera (Mínguez, 2006: 66).

Brown (1980, citado en Llanos, 2005: 28) propone la siguiente clasificación de pruebas psicométricas, a saber: respuesta alternativa *vs* respuesta libre, velocidad *vs* poder, papel y lápiz *vs* ejecución, aplicación colectiva *vs* aplicación individual, estructuradas *vs* proyectivas, orales *vs* escritas y ejecución máxima *vs* ejecución típica.

De igual manera, los test se clasifican de acuerdo con su modo de aplicación: individuales y colectivos. Mientras que los test colectivos tienen las ventajas de asegurar la uniformidad en el procedimiento y reducir el tiempo de aplicación y la influencia del observador en el candidato, los test individuales exigen un proceder más especializado (González, 2007: 17).

Otra de las clasificaciones de los test o pruebas psicométricas se basa en el dominio que pretenden evaluar. Al ser ésta la clasificación más común, se presentan a continuación las características más importantes de los dominios que la componen: pruebas de inteligencia, pruebas de aptitudes y habilidades y pruebas de personalidad (Alvarado, 2003).

Pruebas de inteligencia

Pese a que siempre ha existido una controversia acerca de la definición de la inteligencia. Llanos (2005: 33) argumenta que estas pruebas son las más utilizadas en la selección de personal porque miden la capacidad para aprender y aplicar lo aprendido de manera eficiente, buscando la objetividad. Dicha capacidad se manifiesta por la facilidad para resolver problemas o tomar decisiones y expresa sus resultados en términos de Coeficiente Intelectual *IQ*.

Pruebas de aptitudes y habilidades

Contextualizadas en el ámbito laboral, pretenden medir las capacidades y habilidades que posee el candidato para realizar las tareas o actividades específicas del puesto de la vacante, de manera que permitan evaluar predictivamente el éxito futuro en el mismo. Éstas a su vez, pueden subdividirse en pruebas de creatividad, pruebas de habilidades musicales y artísticas, pruebas de aptitudes vocacionales, etcétera (Llanos, 2005: 33).

Pruebas de personalidad

Al igual que las pruebas de actitudes, se enfocan en pensamientos, ideas, actitudes, intereses y demás aspectos que describen al candidato. Son también llamadas pruebas estructuradas porque están compuestas de un estímulo y una respuesta y pueden aplicarse mediante cuestionarios o técnicas proyectivas, presentando sus resultados en forma de una descripción de rasgos de personalidad. A través de estas pruebas, se presenta una lista de situaciones eventos u objetos con el fin de que elija la que más se adecúe a su manera de actuar. Asimismo, se le puede preguntar al candidato si una serie de adjetivos o enunciados lo describen o no (Llanos, 2005: 36).

Principales pruebas psicométricas para la contratación de personal

Las pruebas psicométricas suelen generar intimidación o incertidumbre a casi cualquier candidato a un puesto dado que los reclutadores las utilizan como una herramienta para conocer si su perfil aplica a la vacante o no (Universia, 2014). A continuación se presenta una tabla comparativa (tabla 3) que reúne las características más importantes de las principales pruebas psicométricas de las que se valen los reclutadores para la contratación, mismas que se describirán a detalle más adelante.

Tabla 3
Principales pruebas psicométricas para la contratación

Prueba	Área que mide	Nivel organizacional	Escolaridad	Mide	Tiempo estimado
Kostick	Personalidad	Ejecutivos, empleados	Profesional	Liderazgo, modo de vida, naturaleza social, adaptación al trabajo, subordinación, grado de energía	40 min.
Cleaver	Comportamiento	Gerentes, jefes, ejecutivos, operativos	Profesional, técnico, bachillerato	Empuje, influencia, estabilidad, cumplimiento	20 min.
16 PF	Personalidad	Ejecutivos, jefes, empleados	Profesional, bachillerato	Afabilidad, razonamiento, estabilidad, dominancia, impulsividad, conformidad grupal, atrevimiento, sensibilidad, suspicacia, imaginación, astucia, culpabilidad, rebeldía, autosuficiencia, autocontrol, tensión	35-45 min.
BARSIT	Inteligencia	Operativos	Primaria, secundaria	Conocimientos generales, comprensión de vocabulario, razonamiento verbal, razonamiento lógico, razonamiento numérico	15 min.
Dominos	Inteligencia	Ejecutivos, operativos	Profesional, bachillerato	Mide el factor G de la inteligencia de los candidatos (capacidad de inteligencia general) en función de sus facultades lógicas	30 min.
Raven	Inteligencia	Ejecutivos, jefes, empleados	Profesional, técnico, bachillerato, secundaria	Mide la capacidad intelectual y la habilidad mental general por medio de la comparación de formas y razonamiento de analogías	40 min.

Fuente:Tomada de Humansmart (s.f.).

Inventario de Percepción y Preferencias de Kostick

El Inventario de Percepción y Preferencias de Kostick fue desarrollado por Max Martín Kostick como una herramienta para ayudar a los gerentes a comprender sus estilos administrativos proporcionando información rápida. Lo que le da el carácter de inventario es el hecho de brindar información acerca de 20 dimensiones relacionadas con el desempeño del candidato en el entorno laboral. Dicho de otro modo, "interpreta cualitativamente el comportamiento que el individuo tendrá en su vida laboral", mismas que se enmarcan en siete factores generales (Caldevilla, 2010: 38): grado de energía, caudillaje, modo de vida, naturaleza social, adaptación al trabajo, naturaleza emocional y subordinación.

A su vez, dichas dimensiones pueden separarse en diez necesidades y diez papeles que habitualmente se encuentran presentes en los trabajos en mayor o menor grado.

Las diez necesidades son:

- Necesidad de terminar una tarea.
- Necesidad de logro.
- Necesidad de controlar a otros.
- Necesidad de ser notificado (ser tomado en cuenta).
- Necesidad de pertenecer al grupo.
- Necesidad de afecto y acercamiento (afinidad).
- Necesidad de cambio/Necesidad de no modificar.
- Necesidad de estar "a la defensiva".
- Necesidad de apoyo del supervisor (de contar con una autoridad).
- Necesidad de reglas y supervisión.

Los diez papeles son:

- Trabajador tenaz e intensivo.

- Actividad de liderazgo.
- Facilidad para tomar decisiones.
- Trabajador siempre activo.
- Trabajador vigoroso.
- Sociable.
- Trabajador teórico.
- Trabajador organizado.
- Trabajador emocionalmente restringido.
- Interés en trabajo detallado.

Cleaver

Esta prueba mide el comportamiento en el trabajo y compatibilidad hombre-puesto, apoyándose en el conocimiento de las características de la persona (Preciado, 2006: 82). Se divide en dos partes: el factor humano (perfil de puesto) y la autodescripción (perfil de la persona). Para la persona aporta criterios tentativos de probables reacciones de conducta bajo condiciones normales (favorables) y bajo presión (desfavorables). Los empates puesto-persona se realizan en cuatro variables (DISC):

- *Drive*. Empuje para obtener resultados en situaciones de oposición o en circunstancias antagónicas, iniciativa, liderazgo y aceptación de retos.
- *Influence*. Influencia sobre la gente para actuar positiva y favorablemente, habilidad de relaciones personales y motivación para que las personas realicen actividades específicas.
- *Stainess*. Constancia al desarrollar trabajo con consistencia y de forma predecible, capacidad para realizar labores de manera continua o rutinaria, deseo de mantenerse de la misma manera no buscando cambios.
- *Compliance*. Apego a normas, estándares o procedimientos estrictos, evitando así la posibilidad de error, problemas o riesgos.

Cuestionario Factorial de la Personalidad o 16 PF

De acuerdo con Castillero (s.f.), el Cuestionario Factorial de la Personalidad o 16 PF es un instrumento de medida de la personalidad elaborado por Cattell acerca de un conjunto de adjetivos que describen a las personas, que tiene como objetivo principal estudiar y valorar los rasgos de personalidad a partir de diversos factores. La metodología utilizada por Cattell fue la siguiente: pidió a unos "observadores" que calificaran mediante dichos adjetivos a un grupo de personas conocidas; luego, sometió a un análisis factorial esas calificaciones, con lo que logró identificar 16 rasgos o factores primarios de la conducta para explicar el espectro total de la personalidad. Estos rasgos o factores fueron considerados por el autor para elaborar 16 escalas primarias, a saber:

1. Afectividad: Esquizotimia (poca afectividad) *vs* Ciclotimia (afectividad elevada).
2. Razonamiento: Inteligencia alta *vs* inteligencia baja.
3. Estabilidad: Fortaleza del yo *vs* Debilidad del yo.
4. Dominancia: Dominancia *vs* Sumisión.
5. Impulsividad: Impulsividad *vs* Inhibición.
6. Conformidad grupal: Superego fuerte *vs* Superego débil.
7. Atrevimiento: Atrevimiento *vs* Timidez.
8. Sensibilidad: Sensibilidad *vs* Dureza.
9. Suspicacia: Confianza *vs* Desconfianza.
10. Imaginación: Pragmatismo *vs* Imaginación.
11. Astucia: Sutileza *vs* Ingenuidad.
12. Culpabilidad: Conciencia *vs* Imperturbabilidad.
13. Rebeldía: Radicalismo *vs* Conservadurismo.
14. Autosuficiencia: Autosuficiencia *vs* Dependencia.
15. Autocontrol: Autoestima *vs* Indiferencia.
16. Tensión: Tensión *vs* Tranquilidad.

Como puede observarse, los factores van de un extremo del rasgo al otro, situándose la puntuación de la persona evaluada en algún punto de esa escala.

Adicionalmente, a través de la combinación de las escalas primarias en "conglomerados", Cattell logró identificar cinco factores de segundo orden, las cuales permiten describir la personalidad desde una perspectiva más amplia: introversión-extraversión, ansiedad-tranquilidad, susceptibilidad-tenacidad y dependencia-independencia (Castillero, s.f.).

Test Rápido de Barranquilla o BARSIT

El Test Rápido de Barranquilla (Barranquilla Rapid Survey Intelligence Test - BARSIT) es una prueba creada por Del Olmo (s.f.,: 2) para evaluar el nivel de inteligencia, entendiéndola como la capacidad de aprender. Permite obtener un índice de la aptitud para aprender, evaluando factores de inteligencia verbal y razonamiento numérico, así como elementos cognoscitivos lógico-verbales y de información general.

El BARSIT tiene un doble uso:

a) Para escolares a partir de la terminación del 3er. grado (psicología educativa).
b) Para adultos con educación primaria (psicología del trabajo).

Puede emplearse colectivamente y utiliza material impreso y tiene los siguientes propósitos:

- Determinar el nivel de inteligencia o aptitud para aprender.
- Elegir de manera previa casos excepcionales (cuando se aplica colectivamente se pueden elegir a los individuos que hayan alcanzado resultados superiores o inferiores para el estudio detallado de tales casos extremos y de esta manera, aplicarles adecuarla).

- Adaptabilidad al sujeto (el BARSIT puede aplicarse como prueba inicial, y de esta manera sirve de adiestramiento para aquellos que no hayan tenido anteriormente oportunidad de realizar pruebas y los resultados serán orientadores para determinar la aplicación de otras pruebas).

Dominos

De acuerdo con Costa (1996: 153), el test de Dominos fue creado por el psicólogo inglés Edgar Anstey en 1944 para el uso exclusivo de la armada británica. Mide la "inteligencia no verbal" y no depende en un grado considerable del ambiente, de la educación o de la experiencia del candidato. Mide el factor G de la inteligencia de los individuos, es decir, la inteligencia general en función de sus facultades lógicas.

La versión original constaba de 44 reactivos y ha quedado como un "closed test" con uso oficial o exclusivo. En 1955, Anstey diseñó una nueva versión de la primera pero con ligeros cambios, misma que fue publicada con carácter de "open test".

Esta prueba ha tenido dos adaptaciones: la inglesa (Group Test 100) y la francesa (D48). La primera de ellas, realizada por el Instituto de Psicología Industrial de Londres, utiliza el test dentro de una batería que incluye también pruebas verbales. Mientras que la segunda fue elaborada por P. Pichot y publicada por el Centre de Psychologie Appliquée de Paris.

Su campo de aplicación incluye, entre otras, la selección de personal y puede ser aplicada de forma individual o colectiva.

Cabe señalar que el test de Dominos tiene las ventajas de un test no verbal, no dependiendo de factores culturales, además de ser confiable, dificultar la respuesta al azar y ahorrar tiempo en su aplicación. Por otra parte, en cuanto a sus desventajas, se contempla el hecho de que sus tablas de normas son muy limitadas en los rasgos de edad que utilizan; asimismo, otro de sus inconvenientes es que el test posee un factor numérico, lo cual puede afectar los resultados de personas que poseen dificultades específicas en el área de razonamiento numérico, pero no en otras áreas intelectuales.

Test de Matrices Progresivas o Test de Raven

El Test de Matrices Progresivas o Test de Raven fue creada por el psicólogo inglés J. C. Raven en 1938 con el objetivo de evaluar a un grupo selectivo de oficiales de la armada de EEUU. Se trata de una prueba no verbal que busca medir la inteligencia general. Existen tres versiones de esta prueba, que se aplican según la edad y habilidades de la persona a evaluar (Costa, 1996: 145):

- Escala general. Es la más utilizada. Consta de cinco series (A, B, C, D, E) de doce elementos para individuos de 12 a 65 años de edad, donde la complejidad aumenta a medida que avanza el examen. Todas las fichas se presentan en tinta de color negro sobre un fondo blanco.
- Matrices progresivas en color. Consta de tres series (A, Ab, B) de doce elementos. Las series A y B son iguales que en la escala general pero con color, introduciéndose la serie Ab entre ambas. Diseñada para utilizarse con niños entre 5 y 11 años, ancianos o discapacitados mentales.
- Matrices progresivas avanzadas. Contiene 48 ítems que se presentan como un conjunto de 12 (conjunto I) y otro de 36 (serie II). Los ítems se presentan en tinta negra sobre un fondo blanco y se vuelven más difíciles a medida que se avanza a través de cada conjunto. Son utilizadas en adultos y adolescentes con un *IQ* superior a la media.

Entre las principales ventajas de esta prueba se encuentran: es una prueba no verbal, en teoría independiente de factores culturales; es de fácil administración y evaluación; su aplicación y evaluación no requieren demasiado tiempo, entre otras.

Respecto a las desventajas se mencionan: validez deficiente; no mide el factor G con pureza; presenta dificultad para personas de nivel intelectual mediocre; alta probabilidad de respuestas al azar, etcétera.

El uso de herramientas psicológicas para la contratación de personal como factor determinante del compromiso organizacional

Si bien, la selección de personal no es un fin en sí mismo sino un medio para que la organización logre sus objetivos (Chiavenato, 2000: 239), en un entorno globalizado como el actual, las empresas necesitan contar con el personal idóneo que aporte conocimientos, habilidades y destrezas que les permitan ser más competitivas (López, 2010: 130), de ahí que este proceso sea fundamental para crear un equipo que contribuya al desarrollo de la organización.

Como ya se ha mencionado, para fortuna de los profesionales de RR.HH (Recursos Humanos), hoy en día existe un extenso abanico de herramientas que facilitan esta tarea, tales como entrevistas, análisis de *currículum vítae* y las pruebas psicométricas, las cuales miden los conocimientos, aptitudes y habilidades de acuerdo con el perfil de la vacante y con las necesidades de la organización (De La Espriella, 2015).

Por otra parte, el compromiso organizacional se define como "una fuerte creencia y aceptación de las metas organizacionales, el deseo de esforzarse por alcanzarlas y de mantenerse como miembro de la organización" (Porter *et al.*, 1974, citados en Frías, 2014: 10), por ende se trata de un aspecto de gran interés para los psicólogos y, en general, para todos los involucrados con el recurso humano (Betanzos, Andrade y Paz, 2006: 25).

El vínculo entre estas variables hace evidente que en la medida en que los procesos de gestión del talento humano –específicamente los de selección y contratación– sean eficaces, la organización será más exitosa ya que éstos permitirán la incorporación de los elementos adecuados que mostrarán "un nivel adecuado de todos los procesos finales que tienen que ver con el éxito de la organización" o, en otras palabras, elementos más comprometidos (Salgado y Moscoso, 2008: 16).

La atención prestada a la aplicación de estas pruebas, sin duda, reducirá la probabilidad de fallo en la contratación cuyo costo se traduce en pérdida tiempo, dinero y esfuerzo; además de que una mala selección de personal puede afectar el clima laboral y generar insatisfacción dentro de los colaboradores, factores que pueden desencadenar en un deficiente compromiso organizacional.

Conclusiones

Los profesionales de RR.HH deben buscar siempre contratar al personal más apto, pensando en el desarrollo de la empresa más que en cubrir rápidamente un cargo específico. Hoy en día, los encargados de llevar a cabo esta tarea cuentan con un enorme arsenal de herramientas que les facilitan elegir de entre todos los candidatos, al que mejor cumpla las necesidades y expectativas de la organización.

Las pruebas psicométricas son instrumentos estandarizados en escalas para evaluar el perfil psicológico de los candidatos con el fin de comparar los resultados, detectar fortalezas y áreas de oportunidad y, de esta manera, poder tomar decisiones más objetivas acerca de los mismos. Existen diferentes tipos de pruebas psicométricas de acuerdo con el criterio que se desee medir: inteligencia, habilidades, rasgos de personalidad, valores, aptitudes, intereses... entre otros.

El uso de esta herramienta es un factor que influye en el éxito de la organización en la medida en que se procure la persona adecuada para el puesto adecuado, pues de esta manera se propiciará la satisfacción laboral, buscando que el personal esté más comprometido.

Referencias

Aiken, L. (2003). *Test psicológicos y evaluación*. Undécima edición. México: Pearson.

Alonso, P., Moscoso S. y Cuadrado, D. (2015). Procedimientos de selección de personal en pequeñas y medianas empresas españolas. En *Journal of work and organizational psychology, 31*, 79-89. Disponible en http://www.redalyc.org/pdf/2313/231340289003.pdf

Alvarado, J. (2003). *Introducción a la clínica*. Primera edición. Colombia: Centro Editorial Javeriano.

Anastasi, A. y Urbina, S. (1998). *Tests psicológicos*. Séptima edición: México: Prentice Hall.

Bayona, C., Goñi, S. y Madorrán, C. (2000). Compromiso organizacional: implicaciones para la gestión estratégica de los Recursos Humanos. En *Revista Europea de Dirección y Economía de la Empresa, 9*(1), 139-149. Disponible en https://dialnet.unirioja.es/servlet/articulo?codigo=497997

Betanzos, N., Andrade, P. y Paz, F. (2006). Compromiso organizacional en una muestra de trabajadores mexicanos. En *Revista de Psicología del Trabajo y de las Organizaciones*, *22*(1), 25-43. Disponible en https://dialnet.unirioja.es/servlet/articulo?codigo=2082980

Caldevilla, D. (2010). La cara interna de la comunicación en la empresa. Madrid: Editorial Visión Libros.

Carvajal, L., Ulloa, I. y Morales, M. (2007). La utilización de pruebas psicométricas: ¿un absurdo en una EST? En *Univ. Psychol.*, *6*(1), 79-87. Disponible en http://revistas.javeriana.edu.co/index.php/revPsycho/article/view/96

Castillero (s.f.). O. *Psicología y mente.* Disponible en https://psicologiaymente.net/personalidad/test-personalidad-16-factores-cattell-pf#!

Chiavenato, I. (2000). Administración de recursos humanos. Quinta edición. México: McGraw-Hill.

Cohen, R. y Swerdlik, M. (2006). Pruebas y evaluación psicológicas. Sexta edición. España: McGraw-Hill Interamericana.

Costa, K. (1996). Manual de pruebas de inteligencia y aptitudes. Primera edición. México: Plaza y Valdés editores.

De La Espriella, A. (2015). *Acsendo blog.* Disponible en http://blog.acsendo.com/reclutamiento-como-elegir-al-candidato-ideal/

Del Olmo, F. (s.f.). *Medición rápida de habilidad intelectual.* Disponible en https://es.slideshare.net/enfadowsa/barsit-manual

Frías, P. (2014). Compromiso y satisfacción laboral como factores de permanencia de la generación Y. (Tesis de Maestría). Universidad de Chile. Chile. p. 109.

Gan, F. y Berbel, G. (2007). Manual de recursos humanos. Primera edición. Barcelona: Editorial UOC.

González, F. (2007). Instrumentos de evaluación psicológica. Cuba: Editorial Ciencias Médicas.

Hernández, R., Fernández, C. y Baptista, P. (2006). Metodología de la investigación. Cuarta edición. México: McGraw-Hill Interamericana.

Hernández, Y. (2009). Prácticas de selección de personal, un instrumento de dominación socialmente aceptado. En *ADMINISTER Universidad EAFIT,* (14), 137-160. Disponible en http://www.redalyc.org/pdf/3223/322327244007.pdf

Humansmart (s.f.). *Humansmart.* Disponible en http://humansmart.com.mx/1024671_7-pruebas-psicometricas-para-la-seleccion-y-reclutamiento-de-personal--pruebas--test--examenes--personalidad.html

Ibañez, C. (1992). De la selección de personal a la psicología organizacional: una reflexión sobre la evolución de la psicología del trabajo y su estatus actual. En *Revista de historia de la psicología, 13*(2-3), 85-89. Disponible en https://dialnet.unirioja.es/servlet/articulo?codigo=68322

Llanos, J. (2005). Cómo entrevistar en la selección de personal. Primera edición. México: Editorial Pax México.

López, R. (2010). La selección de personal basada en competencias y su relación con la eficacia organizacional. En *Perspectivas, 26*, 129-152. Disponible en http://www.redalyc.org/pdf/4259/425941230007.pdf

Mínguez, A. (2006). Dirección práctica de recursos humanos. Segunda edición. España: ESIC Editorial.

Münch, L. y Ángeles, E. (1990). Métodos y técnicas de investigación. Segunda edición. México: Editorial Trillas.

Preciado, A. (2006). Modelo de evaluación por competencias laborales. México: Publicaciones Cruz O., S. A.

Salgado, J. y Moscoso, S. (2008). Selección de personal en la empresa y las AAPP: de la visión tradicional a la visión estratégica. En *Papeles del Psicólogo, 29*(1), 16-24. Disponible en http://www.redalyc.org/pdf/778/77829103.pdf

Sánchez de Gallardo, M. y Pirela de Faría, L. (2010). Propiedades psicométricas de la prueba de inteligencia Otis en estudiantes de educación mención orientación. En *Omnia, 16*(1), 100-120. Disponible en http://www.redalyc.org/pdf/737/73715016006.pdf

Universia (2014). *Noticias universia.* Disponible en http://noticias.universia.net.mx/empleo/noticia/2014/12/05/1116537/test-psicometrico-conoce-cuales-pruebas-usadas-reclutadores.html

Capítulo 3
Discriminación en los procesos de selección

Ma. Del Rosario García Velázquez
Danae Duana Ávila

Introducción

La no discriminación en los procesos de contratación, es una acción de igualdad que debería estar presente en los dueños, gerentes, administradores y directores de recursos humanos de todas las empresas, situación que no se presenta siempre. Por lo que el propósito de este capítulo es presentar la conceptualización tanto de la discriminación como de manera general el proceso de contratación, el marco legal que en la actualidad es muy amplio en términos de discriminación debido a que a nivel internacional se han preocupado por generar normas y políticas en protección a las personas que reciben acciones discriminatorias, por lo tanto, existen diversos organismos preocupados porque el factor humano, en el desarrollo de sus actividades, sea tratado con respeto, el primer marco de referencia es la *Constitución Política de los Estados Unidos Mexicanos*.

Por consecuencia diversas investigaciones han tomado el rumbo de identificar los casos en que el individuo ha sufrido discriminación, principalmente al intentar ingresar a la actividad profesional, y tienen como propósito erradicar o disminuir dichas acciones. Lo que se ha identificado que las situaciones de discriminación son de mayor incidencia por cuestiones de género.

La discriminación en los procesos de contratación, en algunos casos, se identifica desde la publicación de la convocatoria, se limita, por ejemplo, la edad, el género, el estado civil, las condiciones económicas, la disposición de tiempo, entre otras. Este tipo de casos, por lo regular no se denuncian. El un número de denuncias por discriminación en los procesos de contratación es reducido, es mayor cuando refieren al momento en que el trabajador ya está activo, u otros momentos en que se altera la dignidad del ser humano, que sería en comunidades, atenciones médicas, preferencias religiosas y políticas.

Existe un modelo GEM (siglas en inglés), es el Modelo de Equidad de Género que garantizar prácticas positivas, para que existan las mismas oportunidades al ingresar al mercado laboral, en caso contrario de manera jurídica se puede exigir un trato igual y serán anuladas las decisiones y órdenes del empresario, exigiéndole el cumplimiento del principio de igualdad y no discriminación.

Concepciones de la discriminación y procesos de contratación

Cuando en un proceso de selección de personal, existe una diferencia marcada con en el trato a las personas que solicitan el puesto, los responsables de la contratación justifican sus acciones con lo que en las empresas está establecido en sus normas, políticas, lineamientos, formas o requisitos que el aspirante debe reunir para otorgarle el empleo. En muchos de los casos es de acuerdo con el género, el color de piel, discapacidades, entre otros, sin identificar los méritos, capacidades, habilidades y conocimientos que éstos tengan, lo que implica, que exista discriminación.

Ayala (2005) refiere que la discriminación en términos jurídicos laborales, significa cualquier distinción, exclusión o preferencia que se fundamente en diversos motivos que tengan como resultado anular o alterar la igualdad de oportunidades o de trato en el acceso al empleo y en la ocupación.

En el caso de Castro (2001), considera que en materia laboral, los actos discriminatorios son toda distinción, exclusión, preferencia y/o diferencia de trato ocurrida en una relación de trabajo, principalmente cuando sea por condiciones de raza, calor, sexo, religión, sindicalización, opinión política, entre otros, y que finalmente afecte, altere o anule la posibilidad de que el trabajador reciba un trato igual en el empleo.

De acuerdo con Vera (2006) se identifican dos tipos de discriminación: 1) La directa, cuando normalmente se desfavorece o se excluye al trabajador o al candidato a ocupar el puesto, por el género, estado civil, racismo, religión y opinión política, lo que se encuentra establecido en las leyes, políticas, normas y reglamentos de las empresas, que más bien tiene sus bases en prejuicios y estereotipos dejando atrás sus calificaciones y experiencia laboral. 2) De la discriminación indirecta, se presenta cuando en los centros de trabajo se refiere a tener acciones que en apariencia son imparciales, pero en la realidad, existe afectación a un determinado grupo principalmente por sus características, aun cuando éstas no sean necesarias o indispensables para el desarrollo de su trabajo o la ocupación del puesto, lo que genera una segregación ocupacional, que está muy asociada con patrones culturales.

De forma lamentable, no se ha erradicado la existencia de las desigualdades en el trato, persisten prácticas por diversas razones, ya sea por adscripción a grupos (religiosos, políticos, culturales, deportivos, entre otros) por posición social o económica, por edad, por discapacidad, orientación sexual y por motivos genéticos.

Por mencionar algunas de las causas donde existe la discriminación, se ha identificado en relación con el género de quien solicita el empleo, consiste en el trato diferente y menos favorable, existen empresas en donde a las mujeres se les exige presentar prueba de no embarazo, por otro lado se impide el acceso a las empresas a las personas por las minorías sexuales (grupos de personas con preferencias sexuales diversas o de la comunidad LGBTTTI), en el tema de la edad, la discriminación aparece de manera principal, hacia las personas de edad avanzada (vejez) y en la juventud hacia los que pretenden vincular el trabajo con el estudio, así como el considerar que la edad mínima para firmar contrato de trabajo en México es de 18 años. El ejercer la discriminación por motivos de salud (lo que implica aptitud física y mental en los aspirantes para realizar su trabajo de manera óptima), es otra forma de negar, con mucha irresponsabilidad e inmadurez, un puesto laboral. Ahora bien, por su parte, la Organización Mundial de la Salud (OMS), establece que las personas enfermas de SIDA, no tienen la obligación de informar de su enfermedad. Finalmente, por mencionar otro caso en los que se ha identificado la discriminación en las personas, es con respecto a las discapacidades, que refiere a una o más deficiencias físicas, psíquicas o sensoriales, congénitas o adquiridas. Todo lo anterior ocurre por la ignorancia y los prejuicios, sin tomar en cuenta los méritos del solicitante, ni las calificaciones necesarias para el puesto de trabajo de que se trate (Castro, 2001).

La discriminación se contrarresta con algunos principios que en todo contexto deberían estar presentes, como es el caso del principio de igualdad, que implica una estricta imposición de este concepto en el trato, que consiste en imponer una actitud de respeto en el trato para todos los ciudadanos en términos de no hacer comparación alguna entre personas ante cualquier situación. Esto la ley lo respalda como acciones tomadas en contra de la discriminación.

Por lo anterior, se puede deducir que no existe justificación alguna para que nadie sea tratado con distinciones o diferencias discriminatorias, por prejuicios o ideologías que afecten, alteren o anulen la igualdad de trato.

En relación con el proceso de selección ¿Qué es? Chiavenato (2000) refiere que es un medio para que la organización logre sus objetivos, que atraviesa por una serie de fases claramente definidas, por lo que es importante que se lleve a cabo de la siguiente manera:

- Detección y análisis de necesidades de selección. Requerimiento.
- Descripción y análisis de la posición a cubrir. Definición del perfil.
- Definir del método de reclutamiento.
- Concertación de entrevistas.
- Entrevistas y técnicas de selección.
- Elaboración de informes.
- Entrevista final.

El marco legal de la discriminación en México

Existen diversos organismos preocupados porque el factor humano, en el desarrollo de sus actividades, cuales quiera que éstas sean, siempre sean tratados con respeto. En primera instancia se menciona la *Constitución Política de los Estados Unidos Mexicanos* (2016) que, en su Capítulo I, de los Derechos Humanos y sus Garantías, en el Artículo 1°.

Hace mención que todas las personas gozarán de los derechos humanos reconocidos y en los tratados internacionales de los que el Estado Mexicano sea parte, así como de las garantías para su protección, cuyo ejercicio no podrá restringirse ni suspenderse, salvo en los casos y bajo las condiciones que esta Constitución establece.

Asimismo se considera que, tomado como referentes los principios de universalidad, interdependencia, indivisibilidad y progresividad, el Estado debe promover, respetar, proteger y garantizar los derechos humanos, por lo que prohibe toda discriminación en contra de la dignidad humana y que vaya en contra de los derechos y libertades de las personas (*Constitución Política de los Estados Unidos Mexicanos,* 2016).

Se han realizado diversas firmas de tratados internacionales en beneficio de los derechos universales del ser humano, los cuales refuerzan la no discriminación, como es el caso de la Organización de las Naciones Unidas (ONU), la cual reafirma los derechos fundamentales del ser humano, que determinan la igualdad para hombres y mujeres, el valor que se tienen como individuos y rescatar la dignidad de los mismos.

De igual manera se han identificado organismos preocupados por el bienestar del factor humano dentro de las organizaciones y, de forma principal, cuando se trata de derechos sociales, por ejemplo, en algunos apartados se hace referencia a la desigualdad o discriminación que sufre el trabajador antes de incorporarse a la empresa o incluso laborando en ella. Estos documentos son instrumentos internacionales y regionales, sustentados por comisiones de derechos humanos que tiene como función vigilar el respeto a los derechos humanos en el ámbito laboral, exigiendo que las problemáticas sean escuchadas y atendidas por las autoridades. Sólo por mencionar algunos, se identificaron:

De acuerdo con la *Declaración Universal de los Derechos Humanos* (DUDH, 2015, p 57).

"Establece el principio de la no discriminación y proclama que todos los seres humanos nacen libres e iguales en dignidad y derechos, sin distinción alguna. Así mismo, como ideal común, los pueblos y naciones deben esforzarse, a fin de que tanto los individuos como las instituciones, promuevan, mediante la enseñanza y el respeto a los derechos y libertades, y aseguren por medidas progresivas de carácter nacional e internacional, su reconocimiento y aplicación universal".

Que de manera específica aborda:

- En particular en su artículo 23 refiere a, 1. Toda persona tiene derecho al trabajo, a la libre elección de su trabajo, a condiciones equitativas y satisfactorias de trabajo y a la protección contra el desempleo. 2. Toda persona tiene derecho, sin discriminación alguna, a igual salario por trabajo igual. 3. Toda persona que trabaja tiene derecho a una remuneración equitativa y satisfactoria que le asegure, así como a su familia, una existencia conforme a la dignidad humana y que será completada, en caso necesario, por cualesquiera otros medios de protección social. 4. Toda persona tiene derecho a fundar sindicatos y a sindicarse para la defensa de sus intereses.
- El Pacto Internacional de Derechos Civiles y Políticos (1981: 11), aborda en el artículo 26 que todas las personas son iguales ante la ley y tienen derecho sin discriminación a igual protección de la ley. A este respecto, la ley prohibirá toda discriminación y garantizará a todas las personas protección igual y efectiva contra cualquier discriminación por motivos de raza, color, sexo, idioma, religión, opiniones políticas o de cualquier índole, origen nacional o social, posición económica, nacimiento o cualquier otra condición social.
- El Pacto Internacional de Derechos Económicos, Sociales y Culturales (1981: 3), que en el artículo 2 fracción 2. Plasma que los Estados se comprometen a garantizar el ejercicio de los derechos que en él se enuncian sin discriminación alguna por motivos de raza, color, sexo, idioma, religión opinión política o de otra índole, origen nacional o social, posición económica nacimiento o cualquier otra condición social.

Asimismo fortalecen las acciones documentos como: la *Carta de la Organización de Estados Americanos* (1948), la *Declaración Americana de los Derechos y Deberes del Hombre* (1948), la *Convención Americana sobre Derechos Humanos* (1969), el *Protocolo Adicional a la Convención Americana sobre Derechos Humanos en materia de Derechos Económicos, Sociales y Culturales y el Conjunto de convenios realizados por la* OIT, la cual se crea a la mitad del siglo XIX (Comisión de Derechos Humanos del Distrito Federal, 2013). Si bien se han descrito en qué momento existe la discriminación, muchas investigaciones, acciones de inequidad y de desigualdad tienen relación principalmente con la dimensión del género.

Otras normas regulatorias del tema son: el *Estatuto del trabajo* en el Art. 17, que refiere a la no discriminación en las relaciones laborales, abordando: 1- Que no tendrá efecto lo establecido en la empresa y se entenderán nulos los reglamentos, las cláusulas de los convenios colectivos, los pactos individuales y las decisiones unilaterales del empresario, cuando éstos refieren a determinadas acciones discriminantes. 2 - Solo se valida como exclusión lo establecido por ley. 3 - El Gobierno tiene la facultad para regular medidas duración en el empleo, la colocación de trabajadores de edad avanzada, con capacidad laboral disminuida y para quienes buscan su primer empleo.

Al existir organizaciones preocupadas por la salud y el bienestar de los individuos, la Organización Internacional del Trabajo (OIT) promueve el Trabajo Decente. Donde se resalta la importancia de que los hombres y las mujeres tengan las mismas oportunidades de un trabajo, que tenga como beneficio a la entidad económica en su productividad, lo que se verá retribuido con un salario merecedor, que les permita vivir con dignidad.

Causas de la discriminación en procesos de contratación

Si bien, en investigaciones diversas se han identificado factores que influyen para la contratación de personal y no precisamente refieren a las habilidades, capacidades, conocimientos y destrezas, en algunas empresas se llevan a cabo acciones discriminantes directas o indirectas, que pueden ser:

- Características de las personas: color de piel, cultura, sexo, género, edad, discapacidad, apariencia física, características genéticas, idioma;
- Origen: etnia, nacionalidad;
- Condición: social, económica, jurídica, de salud, de embarazo, estado civil, situación migratoria, situación familiar, responsabilidades familiares, antecedentes penales; opiniones políticas, y
- Preferencias: religiosas, sexuales.

Un ejemplo de las directas, es cuando una mujer está casada y debe obtener el consentimiento del esposo para trabajar y la indirecta cuando en la organización establecen requisitos no indispensables para el desarrollo de un trabajo (Comisión de Derechos Humanos del Distrito Federal, 2013).

Investigaciones realizadas en diversas partes del mundo, han demostrado que en los sectores laborales aproximadamente el 80% de los trabajadores corresponden a un mismo sexo, ya sea femenino o masculino, aun así, la segregación tiene mayor tendencia hacia las mujeres, debido a que son consideradas con menor fuerza para realizar determinados trabajos, con tendencia a estar peor pagadas, menos consideradas y con menores posibilidades de progresar, las áreas en las que se identifica mayor participación de las mujeres es en enfermería, niñeras, costureras, mecanógrafas, cajeras entre otros (Vera, 2006).

Asimismo, el análisis de un tipo de discriminación en particular; por ejemplo, la laboral, y de ella, abocarnos al proceso de contratación y el impacto que genera dicha acción. Se presenta en el lugar de trabajo y sus causales generalmente no tienen que ver con las aptitudes o capacidades que el sujeto posee para desempeñar sus tareas, si no que son ajenas a ellas (Torres, 2011).

Aun cuando en muchas empresas en la actualidad se identifican actos discriminatorios, esto tiene una tendencia a desaparecer, debido a que el mercado de trabajo es altamente competitivo por lo cual las personas que son eficientes terminan siendo remplazados no importando ya el género en estos casos.

El género, causa principal de discriminación en las contrataciones

Mucho tiene que ver la empresa (tamaño, giro y ubicación) y, por supuesto, el cargo laboral que se está ofreciendo para evaluar la aceptación o rechazo del factor humano que solicita el empleo, estos en algunos momentos pudiera interpretarse como síntoma de discriminación.

Existen muchos avances de participación activa de las mujeres en los trabajos, pese a esto, son grandes las limitantes para que puedan acceder en diversos empleos, sigue persistiendo la desigualdad, estudios de segregación ocupacional principalmente con respecto al género, reportan que es en América Latina donde se han presentado los más altos niveles del mundo, no obstante, dicha discriminación, no refiere sólo al género, sino también a características raciales. Por lo que se han identificado de forma específica sectores de ocupación masculina, por un lado, como también la femenina en otros sectores. Situación que se identifica de igual manera, en situaciones donde predominan los empleados de origen mestizo, y otros en donde lo hacen los indígenas (Ñopo, Saavedra, Torero y Moreno, 2005).

En países como Perú, (sin descartar que en otros países se presente lo mismo) cuando el factor humano solicita empleo y es una empresa que normalmente aplica acciones de discriminación, saben que al admitirlos en un trabajo estarán dispuestos a aceptar ofertas con salarios menores. Por otro lado, investigadores indican que las mujeres ajustan sus expectativas de salario en un 10% por debajo de las de los hombres.

Aun cuando se tiene establecido la no discriminación en leyes y normas, se presenta este fenómeno tanto en países en desarrollo, como en países más avanzados, principalmente en la dimensión de género, debido a que aun cuando las mujeres ocupen puestos en los mismos niveles jerárquicos, su salario es menor y para el ingreso a la ocupación de puestos en las empresas las barreras son mayores para las mujeres que para los hombres (Pungiluppi, Castro y Muñoz, 2010). Lamentable situación, pero aun predominan los prejuicios y estereotipos acerca de las capacidades de las mujeres en las actividades organizacionales, y si a eso, se le suma las posturas del machismo que persisten, se ve limitada la toma de decisiones por parte de la mujer para acceder al trabajo. No obstante y pese a lo descrito, existe un incremento considerable de la participación de la mujer en actividades laborales, no así la dinámica de los hombres en el desarrollo de actividades domésticas (Organización Internacional del Trabajo, 2014).

Discriminación en las contrataciones

Si bien un proceso de contratación se basa en una serie de pasos para la selección del personal idóneo a ocupar un puesto en la empresa, cabe hacer mención que las acciones discriminantes en algunos procesos se identifican desde la publicación

> Discriminar en los procesos de selección de personal, es como desperdiciar los talentos.

de las convocatorias, ya sea por razón de edad, de género, entre otros.

Entre los diversos acuerdos y documentos regulatorios que promueven la no discriminación se encuentran: El artículo 7 de las Normas Uniformes de Naciones Unidas para las Personas con Discapacidad, la Convención de la ONU acerca de los derechos de las personas con discapacidad, los Estados Parte, refieren que en el ámbito laboral se debe incorporar a personas con discapacidad.

Bien se ha comentado en el título anterior, la discriminación más marcada es en relación con el género lo que se ha identificado en la Organización Internacional del Trabajo (2014), la información se muestra en la tabla 1.

Tabla 1. Discriminación según género

Situación	*Impacto en la mujer*	*En mercado laboral*
Las mujeres participan mucho menos que los hombres en el mercado de trabajo remunerado.	Menores ingresos =Menor autonomía =Más dependencia	Fuerza laboral en áreas urbanas 62 % de hombres 38% de mujeres 7 de cada 10 hombres 4 de cada 10 mujeres En el área rural: 78,9 % de hombres 33% de mujeres.

La segmentación laboral por sexo está presente a distintos niveles	Ser mujer u hombre determina el tipo de trabajo al que se puede acceder	Los hombres se reparten entre agricultura, industria, manufacturera, servicios, construcción y transporte. Las mujeres se concentran en el sector servicios (comercio, hoteles y restaurantes), enseñanza, salud y servicio doméstico. A mayor nivel de responsabilidad en las empresas, menor presencia de mujeres. Mujeres 20% en puestos directivos 3% en puestos altamente estratégicos.
Persiste la desigualdad salarial	= trabajo salario para las mujeres	En América Latina y el Caribe, los hombres ganan más que las mujeres, independientemente de la edad, el nivel de educación, el tipo de empleo y el tamaño de la empresa.
El trabajo doméstico y de cuidado lo desarrollan las mujeres	Mujeres = trabajo no remunerado + carga total de trabajo	Mujeres en trabajo doméstico y de cuidado de personas dependientes.
La informalidad y desempleo predominan en las mujeres	Más precariedad	37.5% de hombres 62.5% de mujeres Las mujeres carecen de seguro. Lo que genera dependencia. Las mujeres tienen más dificultad para reingresar al mercado laboral, el 5,3% están desempleados y solo 4,1 % de los hombres.

Fuente: Elaboración propia a partir de Organización Internacional del Trabajo, 2014.

Casos en donde se denuncia la discriminación

Para que exista equidad entre la oferta y la demanda de trabajo y no se identifique la promoción de la discriminación, toda persona afectada debe recurrir a las instancias públicas de inmediación laboral, en México la organización que atiende la problemática de discriminación es el Consejo Nacional para Prevenir la Discriminación (CONAPRED), pero estas instancias tienen su fundamento en el principio de igualdad ante la ley y la prohibición de la discriminación que determina los procedimientos para la defensa de los casos de discriminación, En el Artículo primero de la *Constitución Política de los Estados Unidos Mexicanos*, la *Ley Federal para Prevenir y Eliminar la Discriminación*.

El CONAPRED conoce de los procedimientos para que las personas que en algún momento hayan recibido tratos discriminatorios presenten su queja por estos casos, ya sea por omisiones o prácticas sociales imputables a particulares, personas físicas o morales, así como a personas servidoras públicas federales, ya sea en el ejercicio de sus funciones o con motivo de la solicitud del empleo.

Si bien existen muchas acciones discriminatorias por parte de las empresas de las cuales no existe indicio ni antecedente en el cual haya una denuncia de por medio, sí hay casos en los cuales los aspirantes a utilizar el puesto presentan demanda por identificar que son discriminados a ocupar un puesto del que consideran ser aptos para ello.

El caso de la Comisión de Trabajadores de la Aviación, presenta los motivos que se desprenden de los requisitos que emite la empresa para la selección de personal para plazas auxiliares de vuelo, lo cual público a nivel nacional y la remite a comité de la empresa y envío copia a las distintas secciones sindicales. Dichos requisitos corresponden a edad, estatura para hombres y mujeres, vista (dos dioptrías) y buena presentación (imagen personal), lo que es identificado como problema a partir de las bases en el principio de igualdad y no discriminación, por lo que sustentan su demanda en los siguientes aspectos: a) por razón de edad, b) por razón de género, c) por condiciones subjetivas, lo cual se identifica como discriminación antes de la contratación (Anaya, 2005).

Otro caso en que se realizan actos de discriminación en el empleo es debido al origen, una mujer que trabaja en una empresa de limpieza y debido a su buen desempeño, el jefe le incrementa las áreas que deberá atender, sin embargo, el representante de la zona pide a la empresa que la sustituya, fundamentando que no la quieren en esa zona por su origen, aun cuando realiza muy bien su trabajo y si no la destituyen, rescindirán el contrato que tienen con ellos. La trabajadora no denuncia esta situación por poner en riesgo su trabajo (Domínguez, 2008).

En la CONAPRED existen diversos casos de denuncias donde se aplican acciones discriminatorias como es el de una persona que solicita empleo en una empresa óptica, cuando la jefa del área de recursos humanos se entera que es homosexual, lo obliga a realizarse análisis clínicos (de sangre y de orina), argumentando que eran de interés por conocer su estado de salud. La resolución a partir de la intervención de la CONAPRED es de conciliación donde el trabajador recibirá un trato digno, respetuoso y sin discriminación (CONAPRED, 2010).

Por mencionar otro caso, la denuncia la realiza un hombre que por portar un tatuaje no le fue permitido su registro para concursar por una plaza en una institución pública, la mediación en donde interviene la CONAPRED es que se le permita al interesado en incorporarse a un trabajo, se le dé la oportunidad de continuar con el proceso de concursar por una plaza. Resolución se le asignó un número de folio, tras realizar su inscripción en las oficinas de la aludida Institución (CONAPRED, 2010).

Independientemente de las acciones establecidas por ley, existen condicionantes o acciones discriminatorias al ingreso e interior de las organizaciones, no existe un trato equitativo en relación con el salario, jornadas de trabajo, actitudes prepotentes.

¿Qué hacer cuando se identifica la discriminación en los procesos de contratación?

Diversos organismos con el afán de erradicar situaciones de discriminación en la incorporación del factor humano en las empresas, han generado diversas estrategias que promuevan la equidad. Por ello el Banco Mundial creó un modelo que promueve estándares de calidad, donde se integran: los procesos de selección y contratación, políticas de capacitación y entrenamiento, desarrollo profesional y balance trabajo – vida privada y prevención, manejo y seguimiento de acoso sexual. Dicho modelo se crea y prueba en México en el año 2003 con la participación voluntaria de 20 empresas tanto del sector público como privado, posteriormente lo replican en otros países y Chile y México lo adoptan como política pública (Banco Mundial, 2010).

Tanto hombres como mujeres quieren tener las mismas posibilidades al ingresar a una empresa y que su inserción, no se vea limitada por cuestiones ajenas a la capacidad, desempeño, entre otros.

El Modelo GEM (siglas en inglés), es el Modelo de Equidad de Género, tiene como propósito garantizar la aplicación de buenas prácticas, para que, tanto hombres, como mujeres tengan las mismas oportunidades de ingresar al mercado laboral, es un modelo aplicable en empresas privadas, así como en las públicas, en donde interviene el Gobierno Federal, otorgando un Sello de Equidad de Género por lograr una certificación a partir que la empresa cumpla con indicadores establecidos y se haya sometido a un proceso de evaluación que permita corroborar las acciones de no discriminación (Pungiluppi, Castro y Muñoz, 2010).

El Modelo GEM consiste en:

- Eliminar en los procesos de contratación la discriminación por género.
- Promover prácticas de participación de mujeres en actividades de capacitación, con tendencia a ocupar cargos gerenciales.
- Eliminar prácticas de discriminación intangibles.
- Promover acciones de mejora en el equilibrio laboral-familiar.
- Introducir mecanismos de atención, manejo y/o resolución de casos de acoso sexual y promover un ambiente saludable.

El Modelo GEM, es sumamente flexible, debido a que cualquier empresa puede adaptarlo de manera personalizada, e implementar un proceso de mejora continua que propicie el cumplimiento de metas externas.

Siempre y cuando exista en el interior de la empresa una reclamación efectuada por parte del trabajador, dado el trato desigual o discriminante que éste recibe, de manera jurídica se puede exigir un trato igual y serán anuladas las decisiones y órdenes del empresario exigiendo el cumplimiento del principio de igualdad y no discriminación.

Impacto de discriminación en los procesos de contratación

El desarrollo de la economía de los países está marcado por la actividad empresarial, que cada día se observa con tendencias a las microempresas que, en el intento de crecer, terminan desapareciendo, lo que implica que para que esto no suceda, deben tener en cuenta, los cambios tecnológicos, la economía, en general el mundo actual globalizado, donde todas las empresas, no importando su tamaño, ya sean micro, pequeñas, medianas o grandes, deben ser altamente competitivas. Se han identificado personas con grandes talentos y conocimientos, habilidades y destrezas, las empresas no deben dejar pasar esas oportunidades por observar en ellos otras características (género, estado civil, raza, condición social, discapacidad, entre otros) que finalmente marcan acciones discriminatorias, por el contrario, les permitirá construir, mejorar y hacer crecer una interacción positiva con su entorno (clientes, empleados, proveedores, socios, etc.). Sólo requieren identificar en los interesados a integrarse a la empresa, las habilidades y capacidades laborales que se adapten mejor a sus necesidades, que puedan aportar a la empresa nuevas visiones, perspectivas y formas de hacer las cosas.

La discriminación en las empresas tiene un gran impacto, en algunos casos se refiere a la percepción económica que reciben los hombres porque son ellos quienes perciben mayores salarios que las mujeres, que no son remunerados en función de sus méritos y que por lo regular esa práctica está asociada con patrones culturales.

La discriminación afecta en diferentes ámbitos de la sociedad, impidiendo en muchos casos su propio crecimiento debido a que se produce una fractura social e impide aprovechar los beneficios de la diversidad.

Como consecuencia, actos discriminatorios propician coartar la libertad de las personas para conseguir el trabajo que aspiran. Disminuye ampliamente la posibilidad de los hombres y las mujeres para actuar de manera natural de acuerdo con sus conocimientos, realzando su potencial, sus aptitudes y cualidades, lo que en la mayoría de los casos no se dan cuenta que también las empresas se ven afectadas, pues el desperdicio de talento repercute sobre la productividad y la competitividad y, consecuencia, en la economía de la empresa.

Las personas que han sido discriminadas al momento de solicitar un trabajo, por lo general se encuentran objetivamente peor de lo que estarían si no hubiesen existido prejuicios contra ellos. Esto les repercute en los aspectos: psicológico, económico e incluso físico donde su propia salud se ve afectada.

Además, el grupo tiende a ser marginado, se evita el contacto con ellos y se les excluye de la sociedad. Habitualmente esta marginación deriva en problemas más graves como la formación de pandillas que incurren en actos ilegales y delictivos.

Algunos estudios han indicado que pertenecer a una minoría puede ser un factor de riesgo para desarrollar algunas enfermedades mentales como la depresión o la ansiedad. Además, los miembros de los grupos minoritarios tendrán un ánimo menor al presentarse de nueva cuenta a la solicitud de un nuevo empleo, con lo que posteriormente nacerán en él actitudes negativas hacia su percepción de los lugares para emplearse, así como comportamientos inadecuados como la ira y la agresividad contra los miembros que no pertenecen a su grupo (García, s/f).

La discriminación tiene gran impacto en la vida de la víctima, ya que se asocia con otros factores (educativo, laboral, social, económico, entre otros). En la mayoría de las empresas, donde persiste la discriminación, no han identificado que lejos de enfrentarse con limitaciones por darle oportunidad a todas las personas (sin importar, género, raza, edad, discapacidad, preferencias, políticas, entre otros) a ocupar un puesto dentro de la empresa, pueden obtener grandes beneficios como son:

- Mayores posibilidades de contar con grandes talentos.
- Personas con alta creatividad e innovación que contribuya al incremento de las ganancias.
- Captación de personal altamente calificado.
- Genera alta motivación en el trabajo.
- Propicia una mejor imagen pública.
- Muestra una empresa socialmente responsable.

Conclusiones

En el presente capítulo se abordó la discriminación en los procesos de contratación con el propósito de resaltar que aun cuando está perfectamente establecido en normas, leyes y políticas nacionales e internacionales, la no discriminación, se han detectado diversos casos al respecto. Por lo que fue necesario presentar una visión genérica del problema y realizar un análisis de la situación actual, de manera principal cuando las personas pretenden ocupar un puesto en las empresas que están solicitando personal.

Si bien en México el Modelo GEM, ha sido establecido como política pública, en las empresas se refiere que han tenido grandes contribuciones e identifican mejoras en el ambiente laboral, comunicación y la participación de las mujeres en cargos directivos.

Sumado a ello se han reducido las brechas de salario y se han incrementado los beneficios de manera equitativa.

En algún momento se puede atribuir que algunos trabajadores varones no se desempeñan de manera adecuada o no se sienten a gusto en su trabajo cuando trabajan al lado de mujeres, o cuando tienen un nivel jerárquico menor debido a que estarían bajo las órdenes de ellas.

Lo que es necesario para fortalecer las acciones que se realizan en las empresas con el fin de erradicar las prácticas discriminantes, es que exista:

- Apoyo de los altos directivos de las empresas.
- Influir y propiciar cambios en los comportamientos, dar ejemplo y generar confianza.
- Implementar procesos de mejora continua.
- La ejecución del modelo de GEM.

Por consecuencia, es necesaria la intervención de las instancias correspondientes, dar a conocer los derechos y obligaciones del factor humano, tanto de los interesados a incorporarse a laborar como a los empleados, realizar un seguimiento al cumplimiento de normas, que, para que en realidad tenga un impacto positivo, los empleadores deben tener la completa convicción, actuando con profesionalismo, ética y respeto a todas las personas.

En las empresas se debe fortalecer en contratos colectivos, reglamentos, normas, políticas y procedimientos, lo que establece el Estado mexicano con respecto a la no discriminación, implantar comités que vigilen la dignidad humana con el propósito de erradicar los actos discriminatorios, cuales quiera que sean sus características (género, religión, edad, estado civil, discapacidad entre otros).

Cabe mencionar que aun cuando se han realizado muchas acciones (cartas, pactos, declaraciones, por organismos especializados) a nivel internacional para que exista la igualdad y erradicar la discriminación, los esfuerzos no han logrado el propósito, continúa existiendo considerable discriminación principalmente en contra de la mujer.

Para finalizar se puede concluir que la discriminación en la actualidad se da, cuando se realizan actos discriminatorios como algo "normal" o "cotidiano", lo que en general, tiene grandes impactos adversos o desventajas, en particular, para los individuos que solicitan el empleo (considerando a los grupos vulnerables). Las empresas pueden aplicar cierta diferenciación en sus criterios de selección de personal, siempre que éstos estén basados en parámetros de conocimientos, de habilidades o destrezas laborales y, por supuesto, de respeto a la dignidad humana. Esta actitud y trato ante aspirantes a algún puesto laboral, no puede considerarse como discriminación.

En las empresas es donde en general, se realizan actos de discriminación y tienen impacto incluso antes que dé inicio la relación laboral, reflejándose cuando se impide el ingreso al empleo, y lejos de darse la oportunidad de conocer al personal por sus habilidades y conocimientos, el responsable de la selección y reclutamiento tenga por objeto obstaculizar, restringir, impedir o anular el ejercicio de los derechos humanos y libertades (normas, leyes, cartas, consejos, y demás) resaltando aspectos tales como: origen étnico o nacional, color de piel, cultura, género, edad, discapacidades, condición social, nivel económico, de salud o situación jurídica, religión, apariencia física, características genéticas, situación migratoria, embarazo, lengua, preferencias sexuales y políticas, así como el estado civil.

Por todo lo anterior, es fundamental que, después de haber formulado acuerdos, leyes, normas, comités, entre muchos, se apoye a las personas que son víctimas de discriminación por diversas razones, determinando conciliaciones, con resultados que lleven a los interesados por ocupar un puesto a sentirse útiles y desarrollarse en el ámbito profesional y laboral.

Referencias

Álvarez, A. (S/F). *Las causas de discriminación. Derechos Fundamentales en la Relación de Trabajo.* Tema 3.

Ayala. C. (2005). "Discriminación en el acceso al empleo: por razón de la edad y condiciones subjetivas". *Saberes. Revista de estudios jurídicos, económicos y sociales.* Volumen 3. Separata. Madrid. España.

Castro. J.F. (2001). Discriminación en las relaciones laborales. Boletín Dirección del Trabajo. No. 146. Disponible en http://www.dt.gob.cl/1601/articles-65173_recurso_1.pdf

Comisión de Derechos Humanos del Distrito Federal. (2013). Programa de capacitación y formación profesional en Derechos Humanos. Primera edición. México D.F.

CONAPRED. (2010). Casos de quejas y reclamaciones. Departamento de orientación. Disponible en http://www.conapred.org.mx/index.php?contenido=pagina&id=73&id_opcion=118&op=118

Constitución Política de los Estados Unidos Mexicanos. (1857). Diario Oficial de la Federación. Última reforma DOF 29 de febrero de 2016. Disponible en http://www.ordenjuridico.gob.mx/Constitucion/cn16.pdf

Cuaderno de trabajo Indicadores de discriminación por razón de sexo en las organizaciones OIT. Disponible en http://docplayer.es/12126197-Cuaderno-de-trabajo-indicadores-de-discriminacion-por-razon-de-sexo-en-las-organizaciones.html

Domínguez, C. (2008). Discriminación y comunidad gitana. Casos de Discriminación. Informe Anual FSG. Disponible en http://www.gitanos.org/publicaciones/discriminacion08/discriminacion.pdf

García, P. (s/f). Causas y Consecuencias de la Discriminación. Lifeder.com. Disponible en: https://www.lifeder.com/causas-consecuencias-discriminacion/

Ñopo, H., Saavedra, J., Torero, M. y Moreno, M. (2005). Discriminación étnica y de género en el proceso de contratación en el mercado de trabajo de Lima Metropolitana. Banco Interamericano de Desarrollo. Washington, D. C. Serie de informes técnicos del Departamento de Desarrollo Sostenible.

Organización internacional del trabajo (2014). Igualdad de género y no discriminación en la gestión del empleo. Guía para la acción. Costa Rica. Disponible en http://www.ilo.org/wcmsp5/groups/public/---americas/---ro-lima/---sro-san_jose/documents/publication/wcms_326274.pdf

Organización internacional del trabajo (2009). Conocer los Derechos Fundamentales en el Trabajo. Costa Rica. Disponible en http://www.ilo.org/global/lang--es/index.htm

Pacto Internacional de Derechos Civiles y Políticos (1981). México, D.F. Disponible en http://www.ohchr.org/Documents/Publications/manualhrr2bsp.pdf

Pacto Internacional de Derechos Económicos, Sociales y Culturales (1981). México, D.F. Disponible en http://www.ordenjuridico.gob.mx/TratInt/Derechos%20Humanos/D50.pdf

Pungiluppi, J., Castro, M.E. y Muñoz A. M. (2010). Modelos para promover la equidad de género en empresas y agencias públicas: El proceso de certificación GEM en América Latina y el Caribe (Los casos de México, Chile, Argentina y la República Dominicana). Banco Mundial. Disponible en http://siteresources.worldbank.org/INTLAC/Resources/257803-1269390034020/EnBreve_159_Web.pdf.

Torres, M. (2011). La discriminación laboral y la mujer: un análisis de la ley y la jurisprudencia. Disponible en: https://revistaelectronica.unlar.edu.ar/index.php/iniure/article/view/125/121

Vera, P. (2006) La discriminación en los procesos de selección de personal. Organización internacional del trabajo. Ginebra.
www.worldbank.org/enbreve

Capítulo 4
La necesidad de capacitación
dentro de las PYMES

Tirso Javier Hernández Gracia

La capacitación, antecedentes y concepto

El crecimiento de una organización implica que todos sus recursos se encuentren trabajando en sincronía. Es indispensable reconocer que hasta la fecha el elemento más importante con el que la organización puede contar es el recurso humano.

El recurso humano, gracias a su capacidad de análisis y razonamiento propio se encuentra en posibilidades de hacer frente a las situaciones que a diario se presentan en un ente socioeconómico como es una organización, sea pública o privada. Muchas cosas se aprenden con la práctica, no obstante un trabajador debe mantenerse de forma recurrente actualizado en aquellos conocimientos que son necesarios para poder desempeñarse mejor en el puesto que ocupa. En la actualidad es común hablar de adiestramiento, capacitación, entrenamiento, entre otras terminologías, pero todo ello se logra especificar más adelante.

Hablar de capacitación, implica conocer sus raíces, es decir, qué significado tiene para el lector, para las empresas y para los individuos en general. En este sentido, Werther y Davis (como se cita en García, 2011: 3) comentan que es: "el proceso que auxilia a los miembros de la organización a desempeñar su trabajo actual, sus beneficios pueden prolongarse a toda su vida laboral y pueden auxiliar en el desarrollo de esa persona para cumplir futuras responsabilidades". En este contexto, se aprecia que la capacitación no surge por sí sola, sino que conlleva toda una serie de pasos para ser completada. Además, resalta que más allá de un proceso, también se trata de una herramienta que ayuda al individuo a cumplir con sus funciones dentro del espacio laboral.

Por su parte, R. Wayne Mondy y Robert M. Noé en su obra *Administración de Recursos Humanos* (como se cita en Bermúdez, 2015: 5) son claros al señalar que la capacitación es "una función importante de la administración de recursos humanos, que consiste no solo en capacitación y desarrollo, sino también en actividades de planeación y desarrollo de carreras individuales y evaluación del desempeño", además relacionan el concepto de capacitación con desarrollo, determinando que "capacitación y desarrollo son el centro de un esfuerzo continuo diseñado para mejorar las capacidades de los empleados y el desempeño organizacional".

Hablar de capacitación y de recursos humanos, involucra también a la administración como ciencia, técnica y arte de la coordinación de recursos. La capacitación se vuelve una herramienta que el administrador de personal utiliza para el desarrollo de su capital humano, desarrollo que puede verse reflejado en los resultados de toda una empresa. Al ser capacitado, el personal es capaz de desarrollarse profesionalmente atendiendo a necesidades propias de su lugar de trabajo.

Otra aportación importante de considerar al hablar de capacitación, es la que hace Idalberto Chiavenato (2009), al poner de manifiesto que "la capacitación constituye el núcleo de un esfuerzo continuo, diseñado para mejorar las competencias de las personas y, en consecuencia, el desempeño de la organización. Se trata de uno de los procesos más importantes de la administración de los recursos humanos".

Lo que Chiavenato nos maneja con su aportación acerca de la capacitación, es que ésta comprende todo un cúmulo de competencias a desarrollar en el individuo de manera que el potencial del personal se aproveche al máximo y además potencialice el desempeño y resultados de todo el ente empleador. En la administración de recursos humanos, la capacitación es clave para lograr el desarrollo y retención del personal. Como a continuación se cita en relación con los propósitos o razones que son necesarios para llevar a cabo este proceso.

"Las razones para proporcionar capacitación pueden ser muy variadas, en los últimos años se ha tenido un incremento en la necesidad de tener más y mejores conocimientos, el hombre moderno sufre una intensa curiosidad y un indomable afán inquisitivo, con toda seguridad, las organizaciones del futuro continuarán experimentando ese deseo de saber, que además de enriquecer sus vidas personales, enriquecen a las organizaciones para las cuales trabajan" (García, 2011 p. 3).

Como se ha observado, la capacitación implica más de un concepto para su comprensión, entre ellos destaca el de desarrollo y uno más que no puede quedar fuera es el de entrenamiento. A continuación se definirá cada uno para lograr comprender su relación y también sus diferencias.

Capacitación: Implica todo un proceso, en el que se llevan a cabo actividades de manera sistemática, ordenada y estratégicamente planificadas que al ser continuas y permanentes en los individuos tienen como objetivo principal proporcionar el conocimiento necesario para desempeñar una labor, permitiéndole al capacitado desarrollar y enfocar sus habilidades al puesto que ostenta. De este modo la capacitación es una herramienta que ayuda al individuo a cumplir con sus responsabilidades laborales de manera efectiva y oportuna.

Desarrollo: Se enfoca a todo el cúmulo de conocimientos que se dan al individuo con el objeto de que éste pueda cumplir con responsabilidades futuras. Una vez que se tiene al individuo y se detecta su potencial, es necesario aprovecharlo y prepararlo para futuras promociones.

Entrenamiento: Se refiere a la puesta en práctica de todos los conocimientos adquiridos durante la capacitación. Una vez que se le ha enseñado el cómo hacerlo, hay que poner en práctica lo aprendido en la teoría, ahora en el campo de batalla. Esto con el propósito de adquirir habilidades técnicas o psicomotrices en los individuos para el mejor desempeño de su labor.

La capacitación trae consigo diversos beneficios y de acuerdo con Bermúdez (2015: 6) se pueden destacar los siguientes:

Figura 1
Beneficios de la capacitación

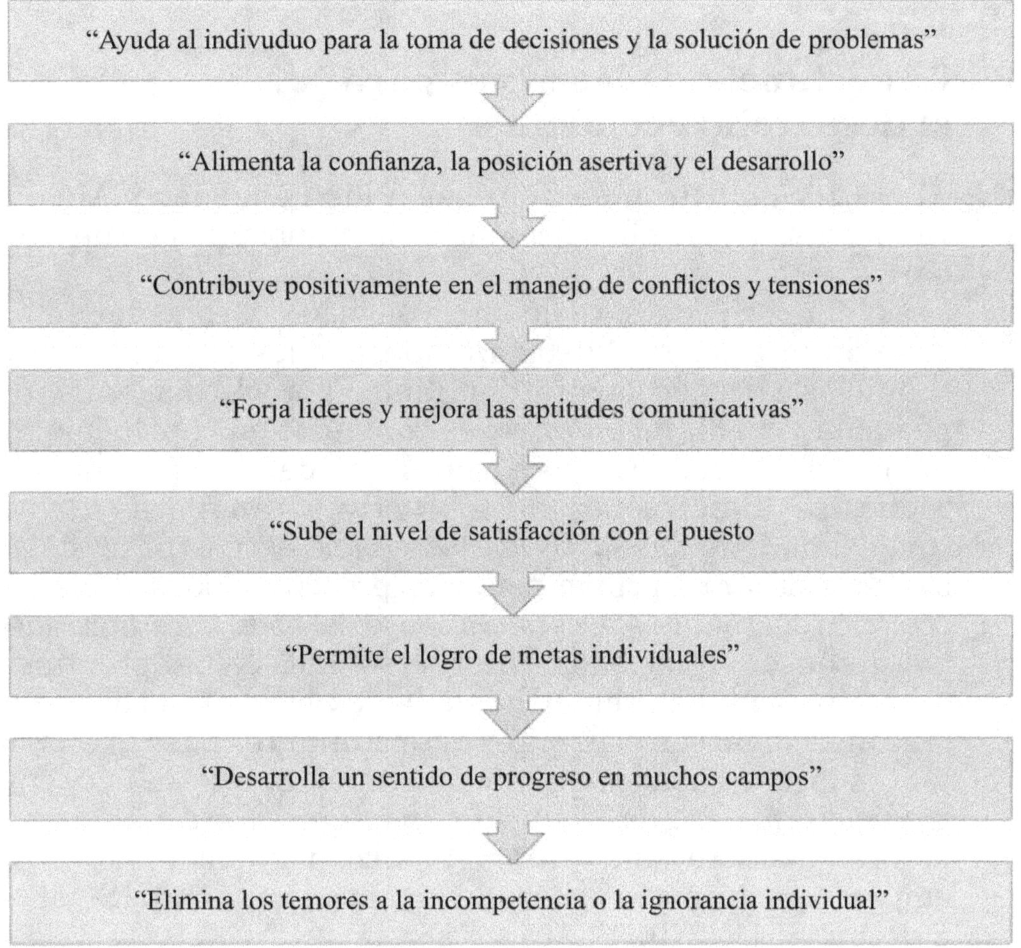

Fuente: Elaboración propia.

No es práctico relacionar la importancia que la capacitación tiene para el desarrollo de las Pequeñas y Medianas Empresas (PYMES), sino se acude primero al análisis de sus beneficios. Como se puede observar en el listado anterior, la capacitación impacta directamente la personalidad del individuo, de ahí, parte a la satisfacción laboral y recae en el desarrollo de toda la organización.

Importancia de las PYMES para el desarrollo económico

Ahora toca el turno de analizar a las Pequeñas y Medianas Empresas, y con ello, desatacar la importancia que poseen para la economía.

En el nuevo contexto de la revolución del conocimiento, del paso de la economía determinada por los recursos físicos y tangibles, a la economía dominada por el conocimiento, la pequeña y mediana empresa se convierte en el principal peón microeconómico. El poco número de componentes, las reducidas dimensiones de los activos tangibles, la menor complejidad de las actividades y las estructuras flexibles facilitan situar en primer plano las preocupaciones, decisiones y acciones del recurso de conocimiento. El espíritu emprendedor, las intensas relaciones interpersonales y la pronunciada cohesión grupal, la versatilidad, la flexibilidad y el dinamismo organizacional son elementos determinantes para la economía y la empresa basados en el conocimiento, que se encuentran tradicionalmente en las pequeñas empresas dinámicas. Por lo tanto, existe una alta armonización entre la pequeña empresa y la economía basada en el conocimiento (Savlovschi & Robu, 2011: 279).

Como es bien sabido las pequeñas y medianas empresas constituyen los pilares de la economía mexicana. No se puede dejar de lado que una de las principales razones por las que se consideran tan esenciales es su alto impacto en la generación de empleos y que varias de las denominadas

PYMES han trascendido las fronteras al lograr acuerdos comerciales con otros países.

En los últimos años, las PYMES que se han constituido han retomado gran interés y que a pesar de que realizan actividades económicas de las sectorizadas constituyen la columna vertebral de la economía nacional por su alto impacto en la generación de empleos y en la producción nacional, los cuales representan el 97% del total de las empresas constituidas en nuestro país (Ruiz, 2012: 830).

La situación actual de la economía y de México en general, está determinada por un proceso de cambio, evolución y sobre todo de crecimiento, en donde a pesar de lo que se pudiera pensar, las grandes empresas no son las protagonistas del avance económico. Las PYMES pasan a ser las principales generadoras de empleo y de riqueza.

> Hoy en día, las pequeñas y medianas empresas se están volviendo los pilares financieros, tan solo 99% de los negocios que existen en nuestro país son PYMES Además, generan 80% de los empleos actuales, producen más del 36% del Producto interno Bruto (PIB). Cabe resaltar que 65% de las PYMES en México son de carácter familiar y son de suma importancia para la economía mexicana (Crédito Real, 2015).

Con lo anterior, es posible notar lo vitales y detonantes que son las PYMES para la economía de México. Las PYMES son los principales entes empleadores y por tanto, solo desde este punto son clave para la activación de la economía. Adicional a esto, en estándares internacionales, son quienes producen la mayor parte de Producto Interno Bruto. El carácter familiar con el que se constituye la mayoría de las pequeñas y medianas empresas, en ocasiones se considera un paradigma para el crecimiento y desarrollo de las PYMES, sin embargo, en el caso de México no es una condicionante para su estabilidad económica.

A partir de su auge en la década de los noventa, diversas investigaciones se han centrado en las contribuciones de las pequeñas y medianas empresas, PYMES. *"Se entiende por PYMES, los sistemas económicos creados que desarrollan actividades o dinámicas competitivas y productivas que permiten relacionar a las personas con los negocios en los cuales se hallan los recursos necesarios económicos para satisfacer sus necesidades personales y ambiciones profesionales"* (Arriaga, López & Olivares, 2013: 1).

Además del impacto económico de las PYMES reflejado en los niveles numéricos del Producto Interno Bruto del país, resulta indispensable considerar el impacto social que producen las mismas, esto al momento en que se convierten en auto generadoras de empleo.

> Las PYMES sirven a la mayoría de los países latinoamericanos como amortiguadores del alto desempleo que afecta a la región, constituyéndose en un instrumento de movilidad social. (Saavedra, 2012: 98)

En México, las PYMES conforman un sector clave e indispensable para su crecimiento y fortalecimiento como nación. También representan una base sólida en la economía mexicana que no debe pasar inadvertida, pues puede tomarse como una ventaja competitiva de la nación. Lo anterior, se refleja en un distintivo palpable para nuevas y mayores inversiones en el país, que además permite ampliar la presencia de productos y servicios nacionales, ya sean al interior como al exterior de la República mexicana.

Debido a estas condiciones, resulta importante e indispensable adoptar acciones que permitan modificar a bien la economía nacional y de las mismas empresas, esto con la intención de que las PYMES cuenten con las oportunidades necesarias para su creación, desarrollo, crecimiento y posicionamiento (Gutiérrez, Sapién & Piñón, 2013).

Hoy día, las pequeñas y medianas empresas son detonantes para determinar el nivel de competitividad de una nación con respecto a otras. Además, los PYMES han dejado bastante claro que los grandes monstruos de la economía, es decir, las grandes empresas ya consolidadas, no son exactamente quienes marcan la pauta en cuanto a competitividad y desarrollo, desde hace algunos años. Las grandes empresas no son quienes dominan en la economía de México. Lo que determina el éxito y grandeza de una empresa no es sólo el tamaño, sino la capacidad de quienes se encuentran al mando de ellas para tomar decisiones acertadas, y claro está, que sin importar el tamaño, cuenten con una estructura plenamente organizada y apropiada a sus actividades (Arriaga, López & Olivares, 2013: 10).

Las pequeñas y medianas empresas representan un factor de equilibrio a nivel micro y macroeconómico. Teniendo como corresponsal de la clase media en la sociedad, las pequeñas y medianas empresas que contrapesan los monopolios y oligopolios, reduciendo la capacidad de las grandes empresas de controlar el mercado.

De acuerdo con Savlovschi y Robu (2011), en su artículo *The Role of SMEs in Modern Economy,* los puntos que favorecen la importancia de las PYMES en cualquier economía son:

- En las condiciones de un entorno económico en permanente cambio, las PYMES son flexibles y tienen una gran capacidad de ajuste, alentadas por las bajas dimensiones y el rápido proceso decisional.
- Se adaptan fácilmente a las exigencias y demandas de los consumidores, estando más cerca del mercado.
- Otro aspecto importante es el hecho de que generan en mayor medida la innovación técnica aplicable en la economía. Muchos de los trabajos provendrán de la innovación y los nuevos descubrimientos traerán nuevas aventuras emprendedoras.

El papel de las pequeñas y medianas empresas es reconocido en el mundo por su singular contribución al desarrollo económico. Tanto los países desarrollados como los que están en vías de desarrollo se dan cuenta de que las PYMES y los empresarios desempeñan un papel vital en el desarrollo industrial de un país. Por lo tanto, no es sorprendente que los estrategas políticos y economistas hayan pensado a menudo que las PYMES pueden convertirse en la "semilla" del resurgimiento económico (Savlovschi & Robu 2011: 280).

Importancia y beneficios de la capacitación en las PYMES

La capacitación es crucial para el desarrollo organizacional y el éxito. Es fructífera tanto para los empleadores como para los empleados de una organización. Un empleado será más eficiente y productivo si está bien entrenado.

En un mundo globalizado como es el que se habita hoy día, es posible distinguir que existen organizaciones de diferentes tamaños que a su vez poseen una vida y estructura propia que las distinguen de otras, son entes con identidad propia y cuyos resultados impactan de forma directa el entorno en que se desenvuelven. Cada organización cuenta para su funcionamiento, con recursos que les ayudan a realizar sus funciones de la mejor forma, siempre con la idea de llegar a un objetivo.

La importancia de la formación de los empleados para una organización nunca debe ser subestimada y la formación continua puede considerarse como la mejor póliza de seguro contra todo tipo de cambios inevitables y las necesidades imprevisibles que pueden surgir en una organización.

En relación con lo anterior, en un mundo con condiciones globales, es imperativo saber reconocer la importancia e impacto que tienen las pequeñas y medianas empresas productoras de bienes y servicios sobre la economía y toda una sociedad. Para ello, de manera interna, se requiere contar con adecuados y profesionales procedimientos administrativos para el desarrollo de actividades, habilidades y competencias. Aquí es donde resulta indiscutible, integrar procesos de capacitación que ayudan a realizar todo lo mencionado (Ruiz, 2012: 830).

La capacitación en las pequeñas y medianas empresas, es vital para el crecimiento y desarrollo de estas, es la herramienta que les permite la trascendencia y el éxito.

Para que una empresa o institución gubernamental realice sus operaciones y logre niveles de desempeño óptimos, es necesario buscar la mejora e incluso el perfeccionamiento del personal que las integra. Para lograr esto, los individuos deben encontrarse en lugar indicado, realizando las funciones adecuadas, pero también se les deben proporcionar las herramientas necesarias para que así sea. Todo esto enfocado a las necesidades de la empresa, mediante procesos y objetivos previamente estructurados.

Además, es indispensable encaminar a los empresarios y sus empleados hacia los conocimientos que al ser empleados en sus funciones, apoyen el logro de objetivos y metas organizacionales. Todo esto, mediante una capacitación que permita impulsar el desarrollo de las empresas.

Por medio de la capacitación se busca mejorar, conocimientos, habilidades, actitudes y conductas de las personas en sus puestos de trabajo. Esto permite su mejoramiento personal y como trabajador, para así alcanzar mejores niveles de desempeño en la organización (Gutiérrez, Sapién & Piñón, 2013: 106).

Los beneficios de la capacitación en una organización pueden ser tan amplios y profundos como la imaginación de quienes la recibe. Los beneficios de la capacitación en forma continua también incluyen el mantenimiento de la cohesión del equipo, la creación de una mentalidad común y un vocabulario compartido. Al igual que con el aprendizaje, en general, los beneficios de la capacitación de un equipo de trabajo se convierten en un reto para enumerar. Hay, sin embargo, varios beneficios claros. Algunos beneficios que realzan la importancia de la capacitación son:

<h3 style="text-align:center">Figura 2
Beneficios de la capacitación.</h3>

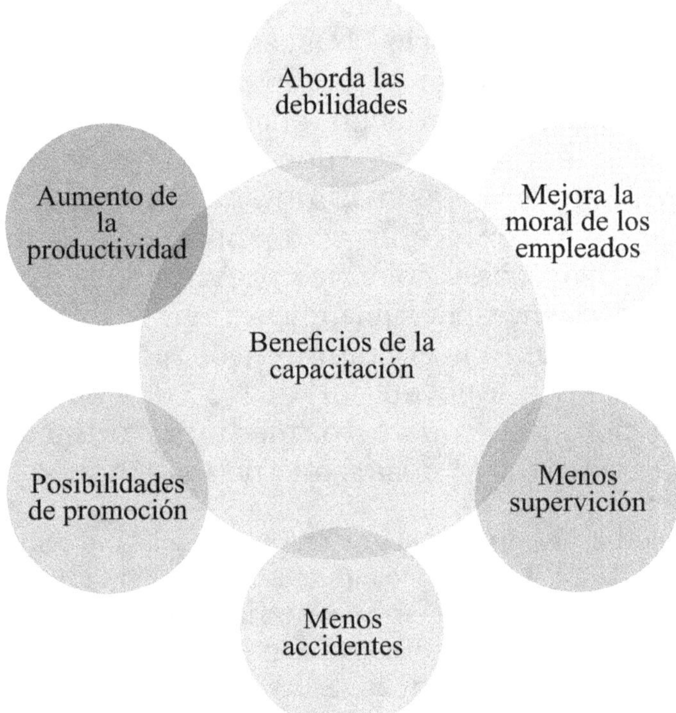

Fuente: Elaboración propia.

- Abordar las debilidades.
- Con la formación adecuada y el desarrollo, las debilidades pueden convertirse en fortalezas y sus empleados pueden superar las expectativas iniciales.
- Mejora la moral de los empleados.
- La capacitación ayuda al empleado a obtener seguridad en el trabajo y satisfacción en el trabajo. Cuanto más satisfecho es el empleado y cuanto mayor es su moral, más contribuirá al éxito de la organización y el menor será el absentismo de los empleados y el volumen de negocios.
- Menos supervisión.
- Un empleado bien entrenado estará bien familiarizado con el trabajo y necesitará menos supervisión. Por lo tanto, habrá menos desperdicio de tiempo y esfuerzo.
- Menos accidentes.
- Es probable que ocurran errores si los empleados carecen de conocimientos y habilidades necesarias para realizar un trabajo en particular. Cuanto más entrenado un empleado es, menos son las ocasiones de cometer accidentes en trabajo y más proficiente el empleado se convierte.
- Posibilidades de promoción.
- Los empleados adquieren habilidades y eficiencia durante el entrenamiento. Son más elegibles para la promoción. Se convierten en un activo para la organización.
- Aumento de la productividad.
- La capacitación mejora la eficiencia y la productividad de los empleados. Los empleados bien capacitados muestran tanto la cantidad como el rendimiento de calidad. Hay menos desperdicio de tiempo, dinero y recursos si los empleados están debidamente capacitados.

La formación es muy necesaria para el crecimiento de la organización. El hombre, la máquina y el material son el capital principal de la organización. Los humanos son los recursos más valiosos de la organización. La eficacia de la organización depende de la competencia de los empleados.

La capacitación está orientada a la preparación técnica del recurso humano de las organizaciones para que este se desempeñe eficientemente en las funciones a él asignadas, produzca resultados de calidad, dé excelentes servicios a sus clientes, prevenga y solucione anticipadamente problemas potenciales dentro de la organización. Por medio de la capacitación se logra que el perfil del recurso humano se adecue a las necesidades de conocimientos, habilidades y actitudes requeridos en un puesto de trabajo (Bermúdez, 2015: 8).

Para lograr un desarrollo idóneo y adecuado, las PYMES deben estar impregnadas de desarrollos tecnológicos y de factores que les permitan ser más competitivas.

Un empleado que recibe la formación necesaria es más capaz de realizar su trabajo. Se vuelve más consciente de las prácticas de seguridad y procedimientos adecuados para las tareas básicas. El entrenamiento puede también construir la confianza del empleado porque ella tiene una comprensión más fuerte de la industria y de las responsabilidades de su trabajo. Los beneficios de la formación son intangibles y la inversión en la formación de beneficios tanto, la organización y los empleados durante un largo periodo. La capacitación mejora el nivel de habilidades de los trabajadores. Proporciona sentido de satisfacción, que es un motivador intrínseco. La capacitación también proporciona a los empleados de la organización, múltiples habilidades. La capacitación aumenta el compromiso del empleador con su trabajo y su organización. Una mejor comprensión del empleo reduce los accidentes (Kumar, s.f,: 287).

Necesidades de capacitación

El ambiente de trabajo actual en que se desarrollan las pequeñas y medianas empresas requiere que los empleados estén capacitados para realizar tareas complejas de manera eficiente, rentable y segura.

Se necesita capacitación (una herramienta de mejora del desempeño) cuando los empleados no están realizando hasta cierto nivel o en un nivel esperado de rendimiento. La diferencia entre el nivel actual de desempeño laboral y el nivel esperado de desempeño laboral indica una necesidad de capacitación. La identificación de las necesidades de capacitación es el primer paso en un método uniforme de diseño organizacional.

En la actualidad, las PYMES ven permeado su nivel de desarrollo a una escala global, debido a las condiciones de informalidad bajo las que operan, dicho de otra forma, no están acorde con la normatividad y legalidad establecida por las instancias de gobierno. La mayoría de las pequeñas y medianas empresas, debido a su estructura, carecen de acceso a la capacitación, lo que desemboca en un déficit en el desarrollo de los colaboradores (Reyes & Reyes, 2012: 81).

Las pequeñas y medianas empresas están ganando visibilidad como actores importantes en la dinámica de las economías internacionales y como impulsores importantes de la innovación y la generación de empleo. También mejora el entorno en el que las PYMES interactúan con la economía, centrándose en políticas de capital humano (aptitudes y formación) destinadas a estimular la innovación continua en las PYME como medio de impulsar el crecimiento (OCED, 2013).

Uno de los principales retos a los que se enfrenta la sociedad actual, es la innovación tecnológica. Con cada vez más y mayores avances tecnológicos, resulta imprescindible la necesidad de capacitación es este rubro. Para las PYMES es esencial que incorporen las nuevas tecnologías dentro del día a día de sus actividades, pues esto les permitirá una mejora en los niveles de productividad y por ende, un mayor nivel de competitividad en el mercado.

Los constantes cambios en las tecnologías y nuevas áreas de competencias aparentes empujan a los líderes de las empresas contemporáneas a delegar autoridad a niveles más bajos de la estructura de gestión. Este proceso tiende a ocurrir primero en empresas medianas que en las más pequeñas. La delegación de autoridad se implementa con el mayor cuidado para la reducción de costos, y sólo de paso, acompañada por el desarrollo de nuevas habilidades y conocimientos de los gerentes. Los nuevos empleados pueden basar su nueva posición principalmente en la experiencia de personas con más tiempo en la empresa. Esto puede conducir a repetir los errores de los predecesores y pasar demasiado tiempo en lo que se podría aprender participando en unos pocos entrenamientos profesionales. Este enfoque de la formación de la gestión de los recursos humanos a menudo resulta en una menor calidad y eficacia del trabajo, que se convierte en un problema significativo en muchas PYMES. (WebQuest, 2012).

Lo mejor que se puede hacer por los microempresarios es darles la oportunidad de aprender y para eso proponerles talleres y cursos, y animarlos a que utilicen los programas. La administración requiere capacitación y necesita ser auto dirigida, entendiendo al mismo tiempo que la capacidad de aprendizaje depende del nivel profesional con que se le oriente (Bermúdez, 2014: 20).

Lo anterior reafirma la necesidad que las pequeñas y medianas empresas presentan en cuanto a capacitación. El deseo de aprender y desarrollar nuevas habilidades debe darse de manera interna y propiciar un cambio enfocado al crecimiento profesional tanto personal como empresarial.

La capacitación se vuelve necesaria cuando:

- Nuevos candidatos se unen a una organización. La formación les familiariza con la misión, la visión, las normas y reglamentos de la empresa y las condiciones de trabajo.
- Los empleados existentes necesitan actualizar y mejorar sus conocimientos.
- Si se realizan actualizaciones y modificaciones en tecnología, es necesaria la capacitación para hacer frente a esos cambios. Por ejemplo, la compra de un nuevo equipo, los cambios en la técnica de producción, implantes de computadora, entre otros. Los empleados son entrenados acerca del uso de nuevos equipos y métodos de trabajo.
- Cuando la promoción y el crecimiento profesional se hacen importantes. La capacitación se da para que los empleados estén preparados para compartir las responsabilidades del puesto de nivel superior.

Como ya se ha reiterado, las PYMES son consideradas la base y el motor de toda la economía mexicana, sin embargo, existe algo de controversia en torno a esta afirmación. Lo anterior derivado de que alrededor del 80% fracasa en sus primeros años de operación. Tal escenario puede darse por una serie de factores como: la falta de capacitación y asesoramiento adecuado con el que cuentan en el ámbito de la administración, o bien a causa de que requieren soporte financiero para su crecimiento y sustentabilidad (Cuevas, 2016: 25).

La necesidad que tienen las PYMES por enfrentar todo este tipo de situaciones, también representa la urgencia de que las empresas cuenten con personal capacitado que les permita hacer frente a situaciones de dificultad.

Como se ha mencionado, las PYMES desempeñan un papel protagónico en la dinamización de la economía, y promueven la creación de empleos, pero debido al peso que tiene, también pueden influir de manera negativa, por lo que la capacitación es un parte aguas para su éxito (Bermúdez, 2014: 12).

Detectar o diagnosticar las necesidades de capacitación es el primer paso en el proceso de capacitación, ésta etapa contribuye a que la empresa no corra el riesgo de equivocarse al ofrecer una capacitación inadecuada, lo cual redundaría en gastos innecesarios (García, 2011: 7).

Las necesidades de capacitación que existen dentro de las pequeñas y medianas empresas son diferentes para cada una y varían de acuerdo con el giro, con la estructura organizacional y con el personal que se encuentra al frente de ellas. Sin embargo, es posible resumirlas en tres grupos (Bermúdez, 2014: 17):

Figura 3
Necesidades de capacitación de las PYMES

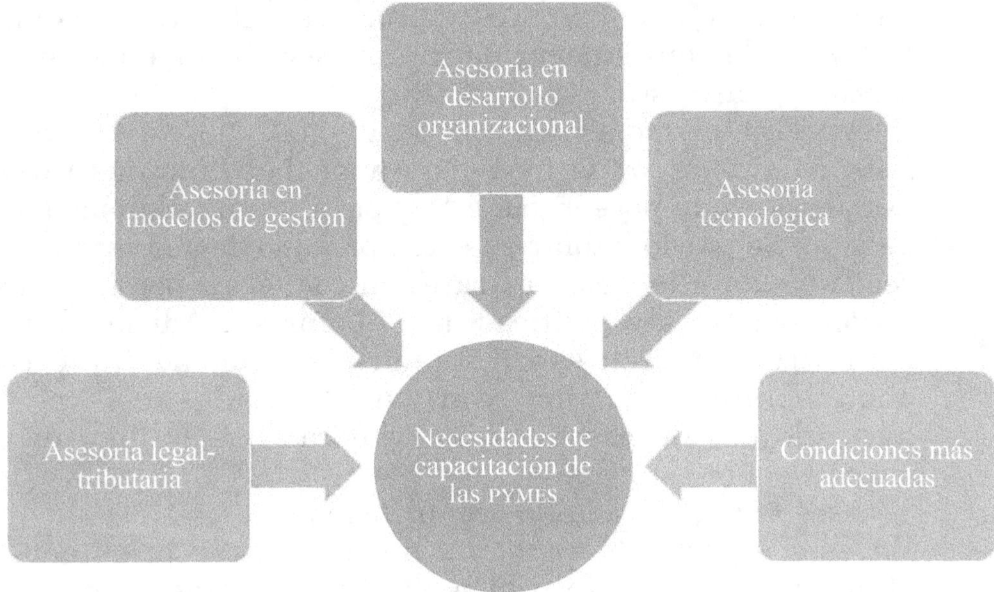

Fuente: Elaboración propia.

- Asesoría legal-tributaria.

La necesidad de capacitación en asesoría legal, hace hincapié a la formación que el personal al mando y dueños deben recibir para llevar a cabo trámites y procesos ante otras instancias, la forma de constitución de la empresa incluyendo aspectos legales y claro está, fiscales.

- Asesoría en modelos de gestión.

Este rubro se refiere a la capacidad administrativa y estratégica que poseen las PYMES para desarrollar modelos de gestión. Se puede hablar en este apartado de asesoría en cómo realizar una alineación estratégica con su respectiva, misión, visión, objetivos y políticas de la empresa. Adicional a esto, las PYMES requieren saber entender e implementar Procesos administrativos acordes con las demandas del mercado, haciendo uso de prácticas innovadoras que le den un valor agregado a la empresa.

- Asesoría en desarrollo organizacional.

En este aspecto, la capacitación debe estar orientada a la atención, servicio y trato en general con clientes y proveedores, desarrollo de habilidades directivas, manejo y resolución de conflictos, y todo aquello que se refleje en el clima organizacional.

- Asesoría tecnológica.

Las PYMES deben estar a la vanguardia en cuanto al uso de nuevas tecnologías que faciliten el desarrollo de sus actividades e incrementen la eficiencia de sus procesos.

- Condiciones más adecuadas.

Quienes conforman las PYMES deben estar conscientes de la necesidad de infraestructura y de capital que requieren, pero sobre todo como hacer uso de éstos para mejorar sus resultados. El saber cómo hacer las cosas se vuelve una necesidad primordial para determinar el rumbo de una organización.

Referencias

Arriaga Huerta, L. M., López Ruiz, C. & Olivares Blatazar, E. R. (2013). Pymes: contribuciones a la economía y competitividad en México. Disponible en http://www.eumed.net/cursecon/ecolat/mx/2013/economia.html

Bermúdez Carrillo, L. A. (2014). Necesidades de capacitación de las pymes del cantón de Bagaces. *Reflexiones 93*(2), 11-21. Disponible en http://www.redalyc.org/html/729/72933025001/

Bermúdez Carrillo, L. A. (2015). Capacitación: una herramienta de fortalecimiento de las pymes. *Revista electrónica de las sedes regionales de la Universidad de Costa Rica 16*(33), 3-25. Disponible en http://www.intersedes.ucr.ac.cr/ojs/index.php/intersedes/article/view/451

Chiavenato, I. (2009). *Gestión del talento Humano*. México, D.F.: McGraw Hill.

Crédito Real (2015). Importancia de las pymes en la economía mexicana. Disponible en http://www.creditoreal.com.mx/contenidos/pymes-2/importancia-de-las-pymes-en-la-economia-mexicana/

Cuevas Contreras, T. (2016). Pymes en México y la Unión Europea. *Revista Pyme,* 24-26. Disponible en http://www.casia-creaciones.mx/ifile/Pyme%202007/Diciembre%20164/Pyme164p24-26.pdf

García López, J. M. (2011). El proceso de capacitación, sus etapas e implementación para mejorar el desempeño del recurso humano en las organizaciones. *Contribuciones a la Economía*. Disponible en http://www.eumed.net/ce/2011b/

Gutiérrez Diez, M. C., Sapién Aguilar, A. L. & Piñón Howlet, L. C. (2013). Desempeño organizacional de microempresas en México. *European Scientific Journal* 9(28), 102-112. Disponible en http://eujournal.org/index.php/esj/article/view/1886/1828

Kumar, R. (s. f.). Importance of training in organisation development. *International Research Journal of Management Science & Technology* 5(1), 286-293. Disponible en http:www.irjmst.com

Organización para la Cooperación y el Desarrollo Económicos (2013). *Skills Development and Training in SMEs.*

Reyes Pazos, M. & Reyes Sánchez, O. (2012). Las necesidades de capacitación de empresarios de MIPYMES del Valle de Mexicali, México, y la demanda de capacitación de los mismos. *Sotavento M.B.A* (19), 78-90. Disponible en http://revistas.uexternado.edu.co/index.php/sotavento/article/view/3342/2992

Ruíz Mandujano, R. (2012). Las pymes: el cuarto sector de la economía. *Global Conference on Business and Finance Proceedings* 7(2), 828-831. Disponible en http://eprints.uanl.mx/6150/1/6.%20ISSN-1931-0285-V7-N2-2012%20 Costa%20Rica.pdf

Saavedra García, M. L. (2012). Una propuesta para la determinación de la competitividad en la pyme latinoamericana. *Pensamiento y gestión* (33), 93-124. Disponible en http://rcientificas.uninorte.edu.co/index.php/pensamiento/article/viewFile/4898/2999

Savlovschi, L. I. & Robu, N. R. (2011). The Role of SMEs in Modern Economy. *Seria Management* 14(1), 277-281. Disponible en http://management.ase.ro/reveconomia/2011-1/25.pdf

Capítulo 5
Legislación en el marco
de la capacitación

Alejandra Raquel Méndez Flores
Adán Sánchez López

Introducción

En este capítulo, se abordan tres temas que son los Antecedentes de la Capacitación, Capacitación y la *Ley Federal del Trabajo* y la Regulación de la Capacitación en México, se podrá observar cómo la Capacitación tuvo sus orígenes desde la antigüedad y es un proceso complejo, que con el paso de los años se ha ido expandiendo y transformando de acuerdo con las situaciones económico-sociales que el mundo ha experimentado.

La capacitación es imprescindible en cualquier organización. Hoy no puede concebirse sólo como entrenamiento o instrucción, supera a éstos y se acerca e identifica con el concepto de *educación*. Dentro de la capacitación se encuentra primordialmente, la función de lograr que la empresa continúe en un funcionamiento acorde con las actividades a las que se dedica o para las que fue creada. Y otro objetivo que se debe perseguir y tras el que se debe ir es lograr que el trabajador se supere de forma continua, siempre en objetividad y congruencia con el puesto y como se dijo, anteriormente con los intereses de la organización. Rodríguez y Ramírez (1990) dicen que "En la actualidad la capacitación es el conjunto de actividades encaminadas a proporcionar conocimientos, desarrollar habilidades y modificar actitudes del personal de todos los niveles para que desempeñen mejor su trabajo"; concepto que se ajusta con lo mencionado.

Antecedentes de la capacitación

Se vislumbra la capacitación en una primera etapa, desde la época Medieval a la Revolución Industrial y se distinguen tres formas de capacitación laboral: el aprendizaje en el puesto, los dispositivos de simulación del ámbito laboral y la formación "escolarizada" (Mitnik y Coria, 2006). Posteriormente se identifica otra etapa que es "aprendiendo el secreto del oficio" (Edad Media), que consiste en desarrollar cara a cara en el ámbito laboral y mediante la demostración de alguien que sabía realizar una tarea ante otra persona. Debido a la escasa complejidad de las tareas —trabajo en granjas, artesanías con herramientas muy simples y bajo volumen de producción— y el fuerte vínculo con la subsistencia, se podía prescindir de la lectura y la escritura. El ámbito de esta instrucción directa era por lo general el familiar o el de los pequeños grupos de artesanos (Sleight, 1993). Y por último, se distingue la Revolución Industrial, es en este periodo y la emergencia del aula lo que marca la etapa siguiente en el proceso de transformación de la capacitación laboral. "No fue hasta este momento que la capacitación cambió considerablemente. En 1800 se crearon las escuelas-fábricas en las que los trabajadores eran capacitados en aulas dentro de las fábricas" (Sleight, 1993).

Un primer encuentro que se tiene con la capacitación en México es con la cultura Azteca, cuando se daba la educación para el trabajo en el *Tepochcalli* y el *Calmecac*, comúnmente conocidos como centros de entrenamiento de los jóvenes de la ciudad en las artes militares, la religión y la disciplina y que también desempeñaron el papel de capacitar o adiestrar a los jóvenes en el trabajo.

Después en el México colonial, el sistema de aprendices, tenían la oportunidad de aprender un oficio, recibiendo como única paga, comida y alojamiento. Una vez que los aprendices adquirían los conocimientos necesarios ascendían a oficiales y recibían una paga por su trabajo (Reynoso, 2007).

En 1800, existían artesanos jornalistas que tenían la capacidad de emplear a otros artesanos, quienes a su vez tenían bajo sus órdenes a aprendices; luego de cumplir con cierto periodo de aprendizaje se convertían en maestros artesanos. El sistema de aprendices tuvo una larga vida, pero con la industrialización, este sistema deja de cobrar importancia y sin embargo, con el progreso industrial este sistema paulatinamente dejó de satisfacer los requerimientos de recursos humanos que tuviesen los conocimientos y las habilidades necesarias para los nuevos procesos productivos, cada vez más complejos. Más tarde, con el desarrollo y perfeccionamiento tecnológico, se vio la necesidad de reemplazar el sistema de aprendices por uno capaz de satisfacer la mayor demanda de recursos humanos calificados. A partir de entonces la capacitación para el trabajo adquiere un carácter más formal y complejo.

Los sistemas de capacitación de América Latina han evolucionado en forma diferente a partir de un modelo original común para coordinar la adquisición y el uso de habilidades por parte de la fuerza laboral, En los años sesenta, se comienzan a implantar sistemas de aprendizajes, con una formación ligada a trabajos industrialistas, y en esa época, casi todos los países cuentan con las llamadas Instituciones de Formación Profesional. En un inicio éstas fueron instituciones con costosa orientación desde la oferta de calificaciones, que buscaron la conformación de sistemas nacionales de aprendizajes con fuerte apoyo de los Ministerios de Trabajo de cada país y la oferta de capacitación se centraba, casi exclusivamente en las manufacturas y en la construcción. (Fletcher, 2000). Todo esto da como resultado, el que en la actualidad se tenga capacitación o bien sistemas de capacitación con el mínimo de beneficio, con poca innovación y por lo mismo el mínimo aumento de la productividad.

La capacitación, la Constitución
y la *Ley Federal del Trabajo*

En la actualidad los recursos humanos de las organizaciones requieren capacitarse de forma permanente para que respondan con eficiencia a las necesidades de las empresas, de contar con personal que tenga más y mejores conocimientos y habilidades, para realizar con mayor eficacia las funciones que se les asignan de acuerdo con los puestos y roles que desempeñan.

En tal sentido la capacitación se hace cada vez más necesaria debido a los cambios constantes que la dinámica de la actividad empresarial trae consigo, motivo por el cual prácticamente ya no existen puestos de trabajo estáticos, es decir, que nunca cambien la forma de desarrollar el trabajo.

Bajo este contexto, para dar respuesta a los aspectos que se han señalado, en México existe un marco legal que regula todas las actividades relacionadas con la capacitación, teniendo como ley fundamental a la *Constitución Política de los Estados Unidos Mexicanos* que señala la importancia de la capacitación en diferentes artículos, apartados y fracciones.

Así tenemos que el artículo 18 de nuestra carta magna establece que; "El sistema penitenciario se organizará sobre la base del respeto a los derechos humanos, del trabajo, la capacitación para el mismo, la educación, la salud y el deporte como medios para lograr la reinserción del sentenciado a la sociedad y procurar que no vuelva a delinquir, observando los beneficios que para él prevé la ley. Las mujeres compurgarán sus penas en lugares separados de los destinados a los hombres para tal efecto" (Diario Oficial de la Federación de fecha 24 de febrero 2017: 17).

Sin embargo, es hasta el artículo 123 Apartado A Fracción XIII de la *Constitución Política de los Estados Unidos Mexicanos* donde la capacitación del trabajador se plantea como una obligación de la empresa y dice el artículo: "Las empresas, cualquiera que sea su actividad, estarán obligadas a proporcionar a sus trabajadores, capacitación o adiestramiento para el trabajo. La ley reglamentaria determinará los sistemas, métodos y procedimientos conforme a los cuales los patrones deberán cumplir con dicha obligación" (Diario Oficial de la Federación de fecha 24 febrero 2017: 129).

Con base en lo establecido en este artículo el constituyente legisló en su momento para crear y promulgar la Ley reglamentaria, es decir, la *Ley Federal de Trabajo*, que en materia de capacitación establece que todas las empresas privadas o instituciones públicas tienen la obligación de proporcionar ésta a sus trabajadores, a continuación se hace una revisión de lo que la reglamentación especifica como obligación en aspectos de capacitación.

Así se tiene que en el artículo 3 párrafo tercero de la *Ley Federal del Trabajo*, se estipula lo siguiente: "Es de interés social promover y vigilar la capacitación, el adiestramiento, la formación para y en el trabajo, la certificación de competencias laborales, la productividad y la calidad en el trabajo, la sustentabilidad ambiental, así como los beneficios que éstas deban generar tanto a los trabajadores como a los patrones" (Diario Oficial de la Federación de fecha 12 junio 2015: 2).

Otro aspecto importante, es el que se refiere a la necesidad de capacitar al personal de las organizaciones públicas y privadas con base en planes y programas en los que se identifiquen puntualmente las necesidades de capacitación del personal que labora en ellas, en tal virtud el Artículo 25 de la *Ley Federal del Trabajo*, dice: "La indicación de que el trabajador será capacitado o adiestrado en los términos de los planes y programas establecidos o que se establezcan en la empresa, conforme a lo dispuesto en esta " (Diario Oficial de la Federación de fecha 12 junio 2015: 7).

Y cabe hacer mención que en la fracción XV del Artículo 132 se establece como obligación de los patrones "Proporcionar capacitación y adiestramiento a sus trabajadores, en los términos del Capítulo III Bis de este Título". (Diario Oficial de la Federación de fecha 12 junio 2015, página 31).

Derivado de lo anterior, es importante recalcar que todas las organizaciones establecidas en el territorio nacional tanto privadas como públicas están obligadas a brindar a sus trabajadores la capacitación necesaria para un mejor desempeño en las tareas que realicen de acuerdo con los puestos en que se desempeñen. Si las empresas cuentan con un Reglamento Interno de Trabajo, en su contenido de debe estipular el derecho de los trabajadores a recibir capacitación por parte de los patrones.

En el supuesto de que la empresa no cuente con un contrato que defina de forma clara lo relativo a la capacitación, ésta deberá apegarse estrictamente a lo señalado por la *Ley Federal del Trabajo* en el Capítulo III Bis, artículo 153, incisos A a X, en los que se regula la capacitación y adiestramiento de los trabajadores, entendiendo por capacitar a la formación, preparación en el ámbito de enseñanza-aprendizaje de los trabajadores, y por adiestramiento a la enseñanza de habilidades y destrezas para el mejor desempeño de su trabajo.

En este mismo contexto la ley señala que todo trabajador tiene el derecho a que su patrón le proporcione capacitación o adiestramiento que le permita elevar su nivel de vida y productividad, conforme a los planes y programas formulados de común acuerdo por el patrón y el sindicato o sus trabajadores, y aprobados por la Secretaría del Trabajo y Previsión Social.

Otro aspecto importante a destacar es la constitución de las Comisiones Mixtas de Capacitación, Adiestramiento y Productividad, que se integran por igual número de representantes tanto del patrón como de los trabajadores y cuya función sustantiva es vigilar la implantación de las acciones que se emprendan en materia de capacitación y que se orientan básicamente a formar recursos humanos con más y mejores conocimientos para alcanzar mayores niveles de productividad que redundarán en beneficios personales y organizacionales, siendo las autoridades laborales las encargadas de cuidar que su funcionamiento se lleve a cabo de forma eficiente, verificando en todo momento el cumplimiento de sus obligaciones.

Asimismo se destaca en este artículo, la obligación que tienen los patrones de proporcionar a sus trabajadores la capacitación y el adiestramiento en su trabajo. También se refiere al objeto de preparar a los trabajadores para una nueva contratación, ocupar vacantes y promociones.

De igual manera se habla acerca del objeto del adiestramiento que trata de perfeccionar las habilidades de los trabajadores, y que éstos sepan de los riesgos y peligros a los que están expuestos en el ejercicio de sus actividades.

Se menciona igual que si a los trabajadores se les ofrece capacitación, adquieren compromisos con los que se verán en obligación de cumplir, tal como es la puntualidad en la asistencia de los cursos.

Otro aspecto importante a mencionar es aquel que señala que los trabajadores y patrones tendrán derecho a ejercitar ante las Juntas de Conciliación y Arbitraje las acciones individuales y colectivas que deriven de la obligación de capacitación o adiestramiento.

De suma importancia es lo que se destaca en lo relativo a que se debe consignar en los contratos colectivos el procedimiento a través del cual el patrón proporcionará la capacitación y el adiestramiento a los aspirantes a ocupar un puesto en la empresa (Diario Oficial de la Federación de fecha 12 junio 2015: 38-44).

Regulación de la capacitación en México

El dinamismo que manifiestan las organizaciones, ocasionado en gran parte por la incorporación constante de nuevas tecnologías y por el sistema globalizador en el que estamos inmersos, crea la obligación para los centros de trabajo de contar con personal capacitado y actualizado para dar respuestas a los consumidores de bienes y servicios.

Ante este escenario, la capacitación se torna vital dentro de la vida laboral, ya sea en la empresa privada o en las instituciones públicas; en tal sentido es de suma importancia que la aplicación de los programas de capacitación se regulen de manera adecuada, para que los trabajadores puedan gozar de este derecho que el Estado mexicano ha legitimado, para que a través de estas acciones puedan aspirar a mejores niveles de bienestar y desarrollo.

Al respecto es conveniente conocer cuáles son las Dependencias y Organismos que regulan la capacitación en México, así tenemos que la *Ley Orgánica de la Administración*

Pública Federal, en el Capítulo II, artículo 40 faculta a la Secretaría del Trabajo y Previsión Social para vigilar el cumplimiento de la normatividad laboral, y de forma específica en lo concerniente a la capacitación, promover su cumplimiento por parte de los patrones para que los trabajadores adquieran los conocimientos necesarios que les permitan ser más eficientes en el desarrollo de las actividades que desempeñan de manera cotidiana. Para tal efecto a la citada dependencia le corresponde el despacho de los siguientes asuntos, según lo citado en el Diario Oficial de la Federación con fecha del 19 de diciembre 2016, páginas 43 y 44.

I.- Vigilar la observancia y aplicación de las disposiciones relativas contenidas en el Artículo 123 y demás de la Constitución Federal, en la Ley Federal del Trabajo y en sus reglamentos;

II.- Procurar el equilibrio entre los factores de la producción, de conformidad con las disposiciones legales relativas;

III.- Intervenir en los contratos de trabajo de los nacionales que vayan a prestar sus servicios en el extranjero, en cooperación con las Secretarías de Gobernación, de Economía y de Relaciones Exteriores;

IV.- Coordinar la formulación y promulgación de los contratos-ley de trabajo;

V.- Promover el incremento de la productividad del trabajo;

VI.- Promover el desarrollo de la capacitación y el adiestramiento en y para el trabajo, así como realizar investigaciones, prestar servicios de asesoría e impartir cursos de capacitación que para incrementar la productividad en el trabajo requieran los sectores productivos del país, en coordinación con la Secretaría de Educación Pública;

VII.- Establecer y dirigir el servicio nacional de empleo y vigilar su funcionamiento;

VIII.- Coordinar la integración y establecimiento de las Juntas Federales de Conciliación, de la Federal de Conciliación y Arbitraje y de las comisiones que se formen para regular las relaciones obrero patronales que sean de jurisdicción federal, así como vigilar su funcionamiento;

IX.- Llevar el registro de las asociaciones obreras, patronales y profesionales de jurisdicción federal que se ajusten a las leyes;

X.- Promover la organización de toda clase de sociedades cooperativas y demás formas de organización social para el trabajo, en coordinación con las dependencias competentes, así como resolver, tramitar y registrar su constitución, disolución y liquidación;

XI.- Estudiar y ordenar las medidas de seguridad e higiene industriales, para la protección de los trabajadores, y vigilar su cumplimiento;

XII. Dirigir y coordinar la Procuraduría Federal de la Defensa del Trabajo;

XIII.- Organizar y patrocinar exposiciones y museos de trabajo y previsión social;

XIV.- Participar en los congresos y reuniones internacionales de trabajo, de acuerdo con la Secretaría de Relaciones Exteriores;

XV.- Llevar las estadísticas generales correspondientes a la materia del trabajo, de acuerdo con las disposiciones que establezca la Secretaría de Hacienda y Crédito Público;

XVI.- Establecer la política y coordinar los servicios de seguridad social de la Administración Pública Federal, así como intervenir en los asuntos relacionados con el seguro social en los términos de la Ley;

XVII.- Estudiar y proyectar planes para impulsar la ocupación en el país;

XVIII.- Promover la cultura y recreación entre los trabajadores y sus familias, y

XIX.- Los demás que le fijen expresamente las leyes y reglamento"

Otro documento normativo de la capacitación en nuestro país es el *Reglamento Interior de la Secretaría de Trabajo y Previsión Social*, publicado en el Diario Oficial de la Federación del 30 de julio del 2014, mismo que establece criterios para normar las acciones que se emprenden a fin de que la capacitación se constituya como una verdadera palanca de desarrollo para las empresas, siendo el área encargada de esta responsabilidad la Dirección General de

Capacitación, Adiestramiento y Productividad Laboral cuyas facultades se contemplan en el Titulo VI, artículo 20 del citado ordenamiento y que por mencionar a *grosso modo* algunas de ellas, habla de la promoción y el incremento de la productividad laboral, brindar asesoría a Comisiones Estatales de Productividad, la promoción en contratos colectivos de la obligación patronal de dar capacitación y adiestramiento a los trabajadores, la promoción de la capacitación en modalidades presencial y a distancia, entre otras. Pero (Diario Oficial de la Federación, Primera Sección de fecha 30 Agosto 2014).

Otro de los organismos encargados de normar y fijar directrices para la capacitación en nuestro país, es el Servicio Nacional del Empleo (SNE), que tiene como propósitos fundamentales brindar a la población la información, vinculación y orientación ocupacional necesaria, así como apoyos económicos y de capacitación. Además, de instrumentar estrategias de movilidad laboral interna y externa entre la población económicamente activa.

Los objetivos de su creación, de acuerdo con el Artículo 537 de la *Ley Federal del Trabajo* son:

I. Estudiar y promover la operación de políticas públicas que apoyen la generación de empleos;
II. Promover y diseñar mecanismos para el seguimiento a la colocación de los trabajadores;
III. Organizar, promover y supervisar políticas, estrategias y programas dirigidos a la capacitación y el adiestramiento de los trabajadores;
IV. Registrar las constancias de habilidades laborales;
V. Vincular la formación laboral y profesional con la demanda del sector productivo;
VI. Diseñar, conducir y evaluar programas específicos para generar oportunidades de empleo para jóvenes y grupos en situación vulnerable; y

VII. Coordinar con las autoridades competentes el régimen de normalización y certificación de competencia laboral. (Última Reforma del Diario Oficial de la Federación fecha 12 junio 2015, página 136).

Los antecedentes del Servicio Nacional de Empleo encuentran sustento en las reformas a las fracciones XIII y XXXI del Apartado A del Artículo 123 Constitucional, a través de las cuales se consignó como deber de los patrones el proporcionar a sus trabajadores capacitación y adiestramiento en el trabajo.

Un hecho importante que propició su creación, fue la federalización de la aplicación de las normas laborales en varias ramas industriales, incluyendo la capacitación, adiestramiento, seguridad e higiene en el trabajo.

Como consecuencia de dicha reforma constitucional, la *Ley Federal del Trabajo* tuvo diversas modificaciones relacionadas con el derecho de los trabajadores a recibir capacitación y adiestramiento (Artículos 3°, 25 y 132), así como a cambios en los artículos 523 y 538.

Eso motivó la creación del Servicio Nacional de Empleo, Capacitación y Adiestramiento (SNECA), en sustitución al Servicio Público de Empleo, quedando a cargo de un órgano desconcentrado dependiente de la Secretaría de Trabajo y Previsión Social, denominado Unidad Coordinadora del Empleo, Capacitación y Adiestramiento. Las actividades encomendadas a dicho órgano se describieron en el Artículo 539 de la *Ley Federal del Trabajo*, relacionándose con diversos aspectos de la promoción de empleos, colocación de trabajadores, capacitación y adiestramiento y registro de constancias de habilidades laborales.

De acuerdo con el Título XI de la *Ley Federal del Trabajo*, correspondiente a Autoridades del Trabajo y Servicios Sociales, se concibe al Servicio Nacional de Empleo,

Capacitación y Adiestramiento como autoridad competente para aplicar las normas de trabajo.

Posteriormente, con la reforma al artículo 538 de la *Ley Federal del Trabajo*, el SNECA quedó a cargo de la Secretaría del Trabajo y Previsión Social por conducto de las unidades administrativas de la propia Secretaría a las que competan las funciones correspondientes en los términos de su reglamento interior.

En el artículo 14, fracción I, del reglamento interior de esta dependencia se establece que corresponde a la Coordinación General de Empleo operar el SNECA con la participación de la Dirección General de Capacitación, por su parte, el artículo 23, fracción I, dispone que a dicha unidad administrativa le corresponde participar en el SNECA sólo en la parte que se refiere a la capacitación y adiestramiento de trabajadores en activo.

Otro hecho importante cuya orientación principal es el fortalecimiento total de las acciones de capacitación, es que el Ejecutivo Federal crea por decreto del 17 de mayo del 2013, publicado en el Diario Oficial de la Federación el Comité Nacional de productividad como un órgano consultivo, cuyo objetivo fundamental es recomendar políticas y proyectos concretos que permitan aumentar y democratizar la productividad en México, estando integrado por miembros de los sectores: público, privado, trabajadores y académico. Destacando dentro de sus prioridades: La Capacitación y certificación de los trabajadores; ya que más del 60% de los trabajadores en el país no han recibido capacitación y aunado a ello, uno de los principales desafíos identificados por los empresarios para establecer su negocio es el de reclutar al personal con las competencias adecuadas. A esta brecha de habilidades se suma que la inversión pública destinada a este rubro (0.03% del PIB) que es 20 veces menor que el promedio de los países de la OCDE.

En este mismo contexto conviene destacar que la capacitación también está regulada en los contratos que suscriben los patrones con los trabajadores y/o con los sindicatos que los representan, en los que se establecen los derechos y obligaciones para cada una de las partes que los suscriben, ponderando siempre a la capacitación como un factor fundamental para hacer más productivas a las empresas y a las instituciones públicas con base en los conocimientos adquiridos por el personal, que necesariamente redundarán en mayores beneficios económicos y por consecuencia, una mejor calidad de vida para los trabajadores y sus familiares, logrando con esto insertarlos a una sociedad en constante transformación.

Conclusiones

La capacitación es un factor de suma importancia, ya que de ella depende en gran medida el cumplimiento de los objetivos de una organización, por tal motivo es importante que los responsables de su administración no la perciban como un gasto sino como una inversión que en el mediano y largo plazo les traerá beneficios.

Ante esta situación ha sido benéfico en gran medida que la capacitación esté normada en los ordenamientos jurídicos más importantes de nuestra sociedad como lo son nuestra Carta Magna y la *Ley Federal del Trabajo*.

Sin embargo, lo más importante es lograr que las autoridades en la materia vigilen que lo establecido en estos documentos y otros de igual importancia en realidad se cumpla, para que todos los trabajadores de las organizaciones establecidas en el territorio nacional accedan a este derecho, logrando con esto ser más competentes en su diario desempeño por los conocimientos adquiridos, convirtiéndolos en personas con mejores niveles de desarrollo personal y profesional, haciendo que los lugares donde laboran cada vez sean más competitivos y productivos.

Referencias Bibliográficas

Castaño, H., Orozco, E., Román, E. (2010). Capacitación y Desarrollo 1810-1920. Ensayos sobre el Bicentenario de la Independencia de México y Centenario de la Revolución Mexicana. Disponible en http://www.fca.unam.mx/ensayos_bicentenario.php

Constitución Política de los Estados Unidos Mexicanos. Última Reforma. Publicada en *Diario Oficial de la Federación,* del 5 de febrero de 2017. México.

Ejecutivo Federal. (2013). Decreto por el que se establece el Comité Nacional de Productividad. Publicado en *Diario Oficial de la Federación*, el 13 de mayo de 2013

Fletcher, S. (2000). Diseño de Capacitación basada en competencias laborales. Panorama Editorial. México, D. F.

Ley Federal del Trabajo, Última reforma. Publicada en *Diario Oficial de la Federación*, del 12 de junio de 2015. México.

Ley Orgánica de la Administración Pública Federal. Última reforma. Publicada en *Diario Oficial de la Federación*, del 11 de agosto de 2014.

Mitnik, Félix. (2006). Políticas y Programas de Capacitación para pequeñas empresas. Un análisis multidisciplinar desde la teoría y la experiencia. Montevideo: CINTERFOR/ OIT.

Reglamento Interior de la Secretaria de Trabajo Previsión Social. Publicado en *Diario Oficial de la Federación*, del 30 de julio de 2014.

Reynoso Castillo, C. (2007). Notas sobre la capacitación en México. Revista Latinoamericana de Derecho Social, 5, julio-diciembre, 165-190.

Rodríguez Estrada, Mauro y Ramírez Buendía Patricia. (1990) Administración de la Capacitación. Serie: Capacitación Efectiva. la. Ed. Mc. Graw Hill. México. 117 p.

Sleight, D.(1993) A developmental history of training in the United States and Europe. Michigan State University

Capítulo 6
Estrategias de capacitación

Rosalinda Ortega Jiménez
Tirso Javier Hernández Gracia

Introducción

Una característica fundamental de las pequeñas y medianas empresas (PYMES) es la limitación en sus recursos, de forma paradójica estas organizaciones deben enfrentar grandes dificultades, una de las principales es su alto índice de rotación interna y externa, lo que convierte a la capacitación en un reto para sus líderes y administradores. La necesidad de brindar una adecuada capacitación al talento humano representa una importante inversión para estos organismos y para los empresarios un desafío el poder encontrar las formas y métodos que satisfagan dicha exigencia, y que al mismo tiempo sean costeables y manejables para la PYME (Odunuga, 2017). Toda unidad económica con aspiración a la mejora continua precisa de capacitar, además es parte de la adaptación de los recursos humanos a sus puestos (Instituto Nacional del Emprendedor, 2017). Los sustanciales cambios sociales, culturales y económicos que se han suscitado en el mercado laboral han puntualizado la importancia del aprendizaje para la evolución profesional del trabajador y el éxito de las entidades. Bajo el cambiante contexto en que las organizaciones operan, las habilidades, destrezas y competencias laborales se vuelven obsoletas con relativa rapidez y es necesario la actualización permanente para consolidarlos como una ventaja estratégica (Amelia, Giancaspro, Morciano, Pastore y Scardingo, 2015). En el presente capítulo se proporcionará un panorama general de las estrategias de capacitación más importantes para las pequeñas y medianas empresas el contexto nacional e internacional, con énfasis en el entorno específico en que pueden ser desarrolladas y aprovechadas para generar beneficios en el capital intelectual y un cambio significativo en la transformación productiva.

Capacitación en el trabajo en la PYME

El Instituto Nacional del Emprendedor (INADEM, 2017) señala a la capacitación como un proceso destinado a desarrollar los conocimientos y habilidades de los trabajadores cuya finalidad es que los colaboradores trasladen las capacidades adquiridas a la ejecución de sus actividades laborales, eficientizando su desempeño en beneficio de la creación de valor en productos y servicios. La capacitación funge también como elemento integrador de la población organizacional y al mismo tiempo, sirve para mejorar la dinámica productiva de la empresa con miras al incremento de la calidad.

Existen diversos tipos de capacitación según lo refiere Nacional Financiera (NAFINSA, 2004):

Adiestramiento. Tipo de capacitación que "Busca desarrollar habilidades y destrezas de carácter preponderamente físico, es decir, de la esfera psicomotriz". Por tanto, el adiestramiento es una actividad nuclear para los colaboradores al frente de equipos, máquinas y herramientas que involucra un esfuerzo psicomotriz.

Ahora bien, separado el concepto de adiestramiento, es posible agrupar a la capacitación en dos segmentos:

a) Capacitación para el trabajo. Incluye los esfuerzos enfocados hacia el trabajador que inicia en una nueva función o tarea, ya sea por ser de nuevo ingreso o por movimientos internos se esté asignando a un nuevo puesto. Abarca a su vez los siguientes subtipos:

1. *Capacitación de preingreso.* Su objetivo es ser un apoyo al proceso de selección y fijar en el nuevo colaborador los conocimientos, habilidades y destrezas requeridos para el puesto.
2. *Inducción.* Dinámica que trata de incorporar al candidato a su cargo y al grupo social en general (superiores, compañeros, empresa).
3. *Capacitación promocional.* Se efectúa cuando se abren plazas o vacantes en un nivel jerárquico superior al actualmente ocupado por el sujeto dentro de la propia organización y se instruye al empleado para participar por la oportunidad.

b) Capacitación en el trabajo. Labor que busca enriquecer las actitudes, así como extender actividades para el desarrollo personal del trabajador.

Independientemente del tipo requerido, la capacitación debe visualizarse como un *"modelo de educación y evaluación"* con el que se cimienta una columna fundamental de la cultura organizacional e identidad empresarial (Instituto Nacional del Emprendedor, 2017).

Técnicas de capacitación en la PYME

Los métodos de capacitación en las PYMES son muy variados, lo que enriquece cualitativamente este proceso si se efectúa la adecuada mezcla en cada unidad empresarial.

Presencial

La metodología presencial significa trabajar de forma directa (cara a cara), es la fórmula más antigua y es usada por las entidades que por la naturaleza de sus necesidades buscan el libre diálogo entre los participantes, que se despejen dudas e intercambien experiencias al momento, lo que eficientiza la interacción. Se imparte en tres estilos, la versión *in Company* en la que el proveedor se traslada a las instalaciones de la empresa, la segunda alternativa es conseguir un ambiente preparado para el evento como lo son hoteles, salones u otros, y el denominado *taller de cuerdas* que es un espacio al aire libre para el desarrollo de las dinámicas. Algunas de las figuras más empleadas de esta modalidad son (Capacitación Integral, 2013):

a) *Seminario.* Es de carácter técnico y académico consiste en una reunión donde se abordan temas especializados de una forma amplia y la característica básica es la interacción entre el instructor y participantes.

b) *Curso.* Se analiza un tema regularmente por módulos, mismos en los que se revisan varias de sus dimensiones, también existe la opción de tomarse de modo no presencial (en línea).

c) *Taller.* Es una fórmula que fusiona la teoría con la práctica para lograr el proceso enseñanza-aprendizaje, integran la transmisión de la realidad social con el trabajo en equipo donde cada miembro participa activa y colaborativamente.

d) Formación. Genéricamente se compone de módulos, mismo que son el desglose detallado de un tema que se desea dominar y a este tipo de capacitación se puede acceder también vía internet.

e) Especialización. Es la unión de varios cursos complementarios que forman un mismo tópico y si bien comparte el nombre con un grado académico no es su equivalente.

f) Diplomado. Comprende varios cursos (un mayor número que en la especialización) que en suma integran un tema.

g) Conferencia. Actividad en la que interviene un conferencista que expone un tema en particular a un auditorio, también existen la versión *conferencia con participación* donde se brinda la oportunidad a los receptores de cuestionar al emisor.

h) Capacitación en el trabajo. Un empleado experimentado guía a un aprendiz para que conozca la mecánica del trabajo y reciba instrucción sobre el uso de todos los elementos necesarios para concluir con éxito sus labores.

i) Dramatización. Es una simulación en el que los participantes llevan al terreno práctico sus conocimientos y habilidades para enfrentar una situación concreta (real o ficticia) que se les ha impuesto.

j) Aprender haciendo. Es uno de los métodos más eficaces, se integra por tres movimientos; en un inicio se le comunica al principiante la manera en que las actividades deben ser desarrolladas, posteriormente el empleado observa al demostrador efectuar el trabajo y finalmente, el aprendiz lo realiza y al concluir es retroalimentado por su capacitador.

k) Rotación de puestos. Ejercicio en el que se mueve a un colaborador hacia una nueva actividad para que adquiera cierto dominio en otras tareas productivas propias de la organización.

l) Estudio de caso. Se solicita a los colaboradores reflexionar sobre el diagnóstico y solución de un problema, el equipo trabaja de manera conjunta por medio del intercambio de ideas para encontrar la mejor resolución.

m) Métodos audiovisuales. El instructor se auxilia de recursos como películas, videos, diapositivas, entre otros, para exponer la información, esta táctica es ideal para las unidades que desean ahorrar tiempo y medios (Nacional Financiera, 2004).

Hay una tercera vía el *Blended Learning* (*b-learning*), denominado también como aprendizaje mixto o híbrido, que es la combinación de medios presenciales con aprendizaje en línea.

Programas de Formación Acción

También conocido como *Training-Action* nace con el objetivo de asegurar que las PYMES se involucren en procesos de cualificación a los recursos humanos; es un sistema que permite a las empresas vincular las necesidades del negocio con la formación laboral. Es una de las técnicas de capacitación que suceden dentro de las instalaciones de la propia empresa (reducción de costos por traslado) y que contextualiza un entorno apegado a la realidad profesional (Cunha, Feliciano, Figueiredo, Leal y Trindade, 2013).

Cunha *et al.* (2013) lo definen como "Un modelo que consiste en una ruptura conceptual en términos de intervenciones de formación; se convirtió en el principal paradigma del esfuerzo por acercar las respuestas de formación a las necesidades de desarrollo de las empresas, en particular a las micro, pequeñas y medianas empresas (PYME)". *Training-Action* se basa en la identificación estratégica de los problemas empresariales y en crear soluciones reales que se ajustan a cada entidad.

Los programas de formación-acción reflejan el ideal que el conocimiento llega a los trabajadores cuando experimentan por cuenta propia, la solución de un problema o la construcción de un proyecto en particular.

Es un modelo de corto plazo, abarca por lo regular un año y consiste en la combinación de técnicas como consultoría, cursos de formación al empresario, cursos para los empleados, entre otras mezclas. Después del debido diagnóstico de necesidades, se elabora el plan de acción que debe encontrar la combinación perfecta de los recursos a disposición de la empresa que es orientado por las metas de *desarrollo organizacional*; las siguientes etapas comprenden la implementación y después la evaluación de los resultados. Sin embargo, esta modalidad representa una mayor inversión que la mayoría de las técnicas expuestas ya que el apoyo técnico para su formulación es la adquisición de servicios de consultores y de consultores especialistas en capacitación (Cunha *et al.* 2013).

El *Coaching* Ejecutivo

El fenómeno *Coaching* surge como un área emergente dentro de la administración de recursos humanos que combina el conocimiento de múltiples disciplinas y es de interés a profesionistas de distintas áreas del saber, ello lo ha convertido en una asignatura ecléctica e innovadora, se ha incrementado recientemente su presencia en la escena mundial y en el caso particular el *Coaching* Ejecutivo se ha extendido su uso como vía para el desarrollo de liderazgo en el individuo y en la organización (Ghosh, Maltbia y Marsick, 2014), así como para identificar y potencializar las competencias de los colaboradores, por tanto representa un medio para lograr una ventaja competitiva que sea perdurable en el tiempo, y se base en el desarrollo de las capacidades de los recursos humanos (Rok, 2017).

Kilburg (2000) define al Coaching Ejecutivo como "Una relación de ayuda formada entre un cliente que tiene la autoridad de gestión y la responsabilidad de una organización y un consultor que utiliza una amplia variedad de técnicas de comportamiento y métodos para ayudar al cliente a lograr una solución mutuamente identificada como un conjunto de metas para mejorar su desempeño profesional y satisfacción personal y, en consecuencia, para mejorar la efectividad de la organización del cliente dentro de un acuerdo de entrenamiento formalmente definido" (como se cita en Bastidas, Campuzano y Robalino, 2016).

En el estudio *Executive Coaching Survey* (2013) publicado por The Miles Group y Stanford University se descubrió que aproximadamente dos tercios de los directores entrevistados no reciben *coaching* o asesoría acerca de liderazgo por parte de consultores o coaches externos y casi la totalidad de la población deseaba contar con dicho respaldo, lo que convierte esa necesidad en una oportunidad, en este mismo documento, Miles (2013) agrega que incluso los más destacados directores arrastran "puntos ciegos", por ello, se necesita de una visión exterior que le ayude a comprender el panorama de manera integral y en consecuencia, mejorar su desempeño.

Freas y Sherman (2004) manifiesta que el *Coaching* Ejecutivo es un terreno amplio donde se ejercitan aspectos como planeación de vida, orientación profesional, salud, nutrición, lecturas, habilidades frente al público, entre otros. Por su parte Gray y Goregaokar (2007) quienes investigaron los efectos del *coaching* en las PYMES concluyen que los beneficiados por este tipo de capacitación pueden señalar de forma fácil la trascendencia de las bondades que han percibido en el aspecto personal y profesional, la mayoría de la población manifestó comentarios positivos acerca de este ejercicio, algunos participantes se refirieron a él como un parteaguas en su vida (como se cita en Bastidas, Campuzano y Robalino,

2016). La aplicación de esta metodología para la formación es una novedosa estrategia que puede fortalecer al capital humano de las pequeñas y medianas empresas.

No presencial

Ally (2004) puntualiza que la capacitación en línea es una modalidad alternativa revolucionaria que hace uso del internet, las tecnologías de la comunicación y de la información para acercar recursos, facilitar la relación del estudiante con contenido temático, sus compañeros y con el facilitador, para lograr el proceso de enseñanza, un aprendizaje con significado personal y crecimiento basados en la experiencia práctica de esta forma de trabajo (como se cita en Díaz, J.E., Esquivel, I. y Velásquez, A., 2015).

Las características de esta forma de capacitación, representan ahorros para el proveedor del servicio (AméricaEConomía, 2014), pues reduce costos por diseño e impresión de recursos didácticos, gastos por el desarrollo logístico y de transporte, espacios para la aplicación de la capacitación, salarios y costos de oportunidad (Díaz *et al.*, 2015) lo que se traduce en ser más accesibles para las PYMES.

E-learning

E-learning o aprendizaje virtual es una forma de enseñanza impartida en su totalidad por medios y dispositivos electrónicos, en general, no hay restricciones de horario o limitaciones geográficas para acceder a la información ya que está en línea (Calderón, 2014), depende del proveedor de los servicios las formas de evaluación, ritmos de avance, grado de apoyo de tutores, la formación de grupos, recursos didácticos, el grado de personalización, entre otros aspectos.

Otra importante peculiaridad de este formato es que son bastante interactivos al echar mano de la tecnología, por ello suelen ser entretenidos, ilustrativos así como estructurados (Capacitación Integral, 2013). En consecuencia las PYMES que deseen usar esta herramienta deben antes asegurarse que el beneficiario del entrenamiento tenga los conocimientos acerca del manejo del equipo y el uso de la web.

La Comisión Europea (EC, 2001) plantea que *e-learning* tiene dos objetivos fundamentales (como se cita en Calderón, 2014):

a) Incrementar la calidad en el aprendizaje.
b) Simplificar el acceso a la educación a distancia.

Las principales ventajas del *e-learning* son (Díaz *et al.*, 2015):

- Flexibilidad de horarios.
- Eliminación de distancias y sus barreras.
- Proceso que prioriza al trabajador como director de su progreso y estimula su pensamiento crítico.
- Eficientizar el aprendizaje por medio de la enseñanza personalizada y agiliza la dinámica del estudio.
- Fomenta el aprendizaje grupal.
- Los contenidos son actualizados pues el formato permite su manipulación en tiempo real.
- La oferta temática abarca una extensa variedad que responde a todo tipo de necesidades (Calderón, 2014).
- *E-learning* representa los siguientes beneficios para las empresas:
- Mejora la productividad de los empleados.
- Optimiza la inversión en formación.
- Enrique la oferta de capacitación, lo que significa nuevas oportunidades para los propios trabajadores.
- Acelerar y eficientizar la implementación de nuevas normas,

políticas o sistemas de calidad así como la aclimatación de los nuevos empleados.
- Fomenta el intercambio del conocimiento e impulsa la formación de una comunidad de aprendizaje.
- Promueve acciones para el desarrollo de competencias.

El éxito del *e-learning* se basa en una verdadera comprensión de su naturaleza, además se requiere de una participación activa y motivada de todos los involucrados, más la preparación, organización, estimación de costos, ejecución e instrucción de los programas, para finalmente aplicar los medios de control respectivos en cada fase (Medárová, 2015).

Webinarios

Conocido como Webinar (*Web Seminar*) por su nombre en inglés, es una valiosa herramienta que se desprende del aprendizaje en línea, para su ejecución es indispensable que la empresa otorgue una computadora con acceso a internet más todos los aditamentos necesarios (audífonos, mouse, micrófono, velocidad del internet, entre otros). Es un seminario en línea en el que convergen desde un grupo reducido hasta cientos de personas y cuyo propósito es la transmisión de información en una o ambas direcciones del canal de comunicación, la presentación puede darse en vivo o de manera pregrabada (ReadyTalk, 2017).

Los Webinarios tienen varios beneficios como permitir la comunicación en tiempo real y enriquecer las interacciones por medio del ambiente de estudio (en línea) (Hsu y Wang, 2008), aligerar la carga logística por preparar un curso de capacitación presencial (ReadyTalk, 2017), recuperar las técnicas de enseñanza características de los métodos presenciales para un mayor aprendizaje, acortar tiempos y aumentar la participación y colaboración (Young, 2009).

Según Young (2009) algunas actividades que pueden ejecutarse bajo esta forma de trabajo son un panel moderado de preguntas y respuestas, encuestas rápidas, discusiones grupales, narraciones y reflexiones, resolución de ejercicios por medio de lluvia de ideas, categorización o por prioridades, entre otros.

La trascendencia de esta metodológica para las empresas y en particular para las PYMES radica en el ahorro de fondos y tiempo (sin traslados), manteniendo las bondades de un ejercicio participativo, lo que se vuelve vital en ecosistemas e industrias en los que para lograr la supervivencia, cada entidad está obligada a dar su mejor desempeño. El webinar es una respuesta a la necesidad de la empresa moderna por competir en un mundo globalizado, agilizar los procesos y elevar la productividad (ReadyTalk, 2017).

Programas Gubernamentales de Formación para PYMES

Las pequeñas y medianas empresas son piedra angular de la estructura económica y social nacional, no solo en México sino en el mundo, por tanto, los gobiernos de cada región han comprendido que su desarrollo es un requisito para el progreso de cada país; además, al asimilar esta demanda como parte de sus obligaciones centrales, órganos como la Secretaría de Economía (SE) y sus dependencias se han ocupado de la creación, instauración y evaluación de programas y herramientas que apoyen la creación de PYMES y su tránsito hacia la madurez.

En la actualidad los empresarios mexicanos cuentan con el apoyo de numerosos instrumentos a su disposición, el primero de ellos está representado por los "Centros México Emprende", donde se facilitan servicios y asistencia (pública y privada) con base en las peculiaridades de cada organización. La dinámica consiste en que los interesados pueden adherirse a los programas que otorgan por medio de consultores especializados y capacitados específicamente para ello.

De forma concreta en el tema de capacitación para las PYMES hay interesantes opciones, por un lado en el catálogo de servicios las empresas pueden conseguir consultoría empresarial (diagnóstico, plan de mejora y gestión del crédito) y formación empresarial (presencial y en línea); mientras que por el lado de la oferta de programas se tienen cursos de Harvard "Manage Mentor Plus" (en línea y a través de facilitadores), talleres de facturación electrónica del SAT (gratuito), curso MBA dirigido a empresarios y curso en línea de Compras de Gobierno en el sistema COMPRANET. Al día de hoy operan 189 módulos y centros esparcidos a lo largo de todo el país, en un esfuerzo conjunto con cámaras empresariales y otras importantes asociaciones regionales (Secretaría de Economía, 2017).

Otra importante alternativa es el "Programa de Capacitación y Consultoría" que es un sistema creado especialmente para favorecer que las micro, pequeñas y medianas empresas tengan las facultades para incrementar su productividad y así ser más rentables. La mecánica es otorgar servicio especializados en áreas y procesos nucleares en las que se han detectado amenazas o debilidades, mismas que han obstaculizado la creación de diferenciadores y de una ventaja competitiva.

Mediantes este programa las PYMES consiguen servicios de capacitación, consultoría y participan en programas y proyectos regionales, estatales y nacionales; tal es el caso de los programas "Tesoros de México", "Moderniza", "Punto Limpio", "Consultoría PYME JICA" y diferentes planes de mejora (Secretaría de Economía, 2017).

Otra estrategia gubernamental es la denominada Red de apoyo al emprendedor del INADEM, su objetivo es lograr la vinculación de emprendedores y PYMES, con políticas y programas ofertados por diversas instancias del Gobierno mexicano y del sector privado. En el caso de los interesados en iniciar un negocio la Red los acerca a los contenidos (infografías, artículos, videos) y a los cursos de capacitación necesarios para que logren una sólida formación en el tema de emprendimiento (Instituto Tecnológico y de Estudios Superiores de Monterrey, 2017). Para los empresarios en activo hay esquemas como "Mujeres moviendo a México" que ofrece programas de desarrollo profesional y personal, además de capacitación en habilidades empresariales, asistencia técnica, talleres y servicios a mujeres interesadas en crear una empresa o bien, hacer crecer sus negocios (Crea Comunidades de Emprendedores Sociales, 2015).

Por último se tiene el caso MexicoFIRST, es un proyecto cuya finalidad es la creación de capital humano para el fortalecimiento de la competitiva de las empresas mexicanas, y como consecuencia éstas se conviertan en posibilidades de negocio atractivos para la óptica internacional; parte de la razón de ser de MexicoFIRST es permitir el acceso a la capacitación y certificación de los trabajadores por medio de alianzas estratégicas (MexicoFIRST, 2013).

Programas gubernamentales como éstos representan una respuesta al llamado de empresarios, trabajadores e incluso de los propios consumidores, por contar con mecanismos de carácter público que brinden apoyo y protección de manera ágil, puntual y pertinente a emprendedores y pequeños y medianos negocios en el ramo de la capacitación.

Capacitación por Competencias Laborales

Carrasco (2008) señala que la adquisición de competencias (personales y laborales) es cada día más imprescindible debido a la celeridad de los cambios dentro y fuera de las empresas (como se cita en Lavalle y Pardo, 2012), además Armentos *et al.* (2015) refieren que la certificación de las competencias del personal es importante por igual para todas las empresas, con autonomía de su grado de madurez, ello obedece a que vivimos la era de la *sociedad del conocimiento* y la mejor forma de generar "conocimiento" es por medio de la gestión del talento humano.

La capacitación por competencias es una perspectiva teórica que fundamentan el desarrollo de planes de formación con miras a las demandas futuras (Cristiani y Zuk, 2013), es un plan de trabajo que combina teoría y práctica, se imparte por medio de cursos, talleres, seminarios, lecturas, estudios de caso, demostraciones, grupos focales, entre otras técnicas; la mezcla dependerá de que tipo de competencia se desea trabajar (Lavalle y Pardo, 2012).

Gómez Gamero (2012) postula que las empresas que han implementado la capacitación por competencias mejoraron su metodología para la descripción de funciones y puestos, además, consiguieron apropiarse de un criterio más sólido para la selección, remuneración y evaluación al desempeño de sus colaboradores (como se cita en Armentos *et al.*, 2015). Las empresas que invierten en capacitación buscan un impacto global en sus resultados (rentabilidad), el modelo de competencias respalda dicha búsqueda pues se enfoca en el desarrollo de los colaboradores, quienes son el activo más importante para cualquier organización, invertir en la mejora de sus competencias conlleva al éxito de sus objetivos (Lavalle y Pardo, 2012). Las bondades de este modelo comprenden mejoras a la calidad y al ambiente de trabajo, creación de una cultura de aprendizaje continuo, reduce los accidentes, propicia la adaptación a las nuevas tecnologías, respalda los procesos de selección de personal y reclutamiento, forja principios, valores y actitudes en los trabajadores, evalúa el desempeño del personal, entre otros (Armentos *et al.*, 2015).

Entrenamiento y educación vocacional

Es un programa que es perfilado por el gobierno, sindicatos, asociaciones o bien, una práctica impulsada por algunas empresas nacionales y transnacionales, consiste en integrar a estudiantes o adultos desempleados al sistema formal de trabajo, se trata de formar para ejercer determinado oficio o labor artesanal, se brinda educación técnica (práctica) de forma específica para desenvolverse en una actividad o ramo (Bundesministerium fur Arbeit und Soziales y Bundesministerium fur Wirtscraft und Energie, 2017). Si bien hay varias modalidades, el que interesa a las PYMES es aquel donde los estudiantes acuden como aprendices a laborar bajo la guía de un supervisor y por ello son remunerados.

Entrenamiento y educación vocacional busca ser la respuesta a la problemática que nace cuando las universidades no forman con base en las necesidades reales del mercado de trabajo y a las habilidades que el sector empresarial requiere (Bassols y Salvans, 2016). Los requisitos, contenidos, objetivos, grado de responsabilidad y de cooperación entre empresas e instituciones participantes y demás características de este programa, varían en cada país e incluso en cada región (Bassols y Salvans, 2016).

Principalmente en países europeos y asiáticos representa un pilar de su sistema educativo y en algunos casos tienen siglos de experiencia en el tema, como es el caso de Indonesia (Lee Kuan Year School of Public Policy, 2016). En Alemania se considera a este tipo de capacitación como pieza fundamental para el crecimiento de su competitividad económica y cohesión social (Federal Ministry of Education and Research, 2016).

La pertinencia del modelo obedece a los requerimientos actuales de empresas tradicionales que están en competencia con el sector emergente de la plataforma digital, división que cada vez es más innovador y dinámico, mismas empresas que han llegado a transformar por completo la industria y la cualificación de la masa laboral (Federal Ministry of Education and Research, 2016), en el caso de México significa una oportunidad para que universidades, empresas y dependencias gubernamentales se unan a las tendencias mundiales de entrenamiento vocacional como una vía para el desarrollo de las PYMES y el crecimiento económico regional y nacional, pero principalmente para responder a los retos que la globalización y la competencia internacional plantean a las empresas nacionales.

Aprendizaje informal

Existen dos tipos de metodologías para capacitar a un colaborador, en primer instancia se cuenta con el *aprendizaje formal* que es concebido por el Centro Europeo para el Desarrollo de la Formación Profesional (CEDEFOP) (2008) como "Un aprendizaje típicamente proporcionado por una institución educativa o de formación, estructurado (en términos de objetivos de aprendizaje, tiempo o apoyo) y que conduce a la certificación" (como se cita en Antonijević y Radaković, 2013).Hasta este punto se ha dado un breve repaso a las estrategias formales que tienen las PYMES para la capacitación por ser las más tradicionales, sin embargo, el *aprendizaje informal* es también una condición significativa para la formación en el empleo. Para Amelia *et al.* (2015) los modelos tradicionales de aprendizaje se han visto rebasados por la complejidad de los procesos de estudio, dando lugar a un modelo resultante de la combinación de los elementos formales e informales.

Hanger (1998) define al aprendizaje informal como "Proceso implícito e imprevisible con resultados", Van Biesen (1989) y Tjepkema (2002) añaden que "Es un aprendizaje de *todos los días* que tiene un carácter evidente en sí mismo y tiene lugar en la cotidianidad del trabajo" y Marsick y Watkins (1990) incorpora "Es el desarrollo del individuo a través de la interpretación con los demás" (como se cita en European Association for Practitioner Research on Improving Learning, 2015). La realidad es que procesos de aprendizaje formales e informales ocurren en paralelo en cualquier situación del trabajo, ya que en un mismo espacio-tiempo determinadas prácticas pueden ser de naturaleza formal o informal (Amelia *et al.*, 2015).

En el aprendizaje informal se adquiere información, un idioma, habilidades para el trabajo o acerca del uso de tecnologías, actitudes y conocimientos interculturales y generales para el desarrollo profesional y personal; nace de las experiencias con expertos, compañeros de trabajo, equipos de trabajo, redes profesionales, internet, guías, manuales, en trabajos como voluntario, trabajo juvenil y de las actividades domésticas, entre otros. Éste se puede alcanzar de manera intencional o no intencional (Antonijević y Radaković, 2013) pues surge de las interacciones con nuestros semejantes.

Antonijević y Radaković (2013) enuncian sus beneficios:

a) Generar las situaciones propicias para su desarrollo puede ser menos costoso y más productivo gracias a los desarrollos tecnológicos, aparatos y los vínculos generados por las redes sociales.
b) Aprender de esta manera es conveniente para personas tímidas y aquellas que desean un proceso de aprendizaje de forma *más personal*.
c) Es de interés para los expertos el compartir sus conocimientos bajo esta modalidad.
d) Al ser un aprendizaje natural que fluye de manera sencilla y espontánea, supone una menor resistencia del sujeto a aprender cosas nuevas.

El aprendizaje informal es recomendado por investigadores especializados, según Dochy *et al.* (2009) cuando se trata de adquirir habilidades y conocimiento para el trabajo, el aprendizaje informal es más eficiente que las técnicas tradicionales de capacitación formal, pues éstas no puede anticipar la evolución de la sociedad y de las organizaciones, debido a que ocupan demasiado tiempo en configurar su realidad (como se cita en *European Association for Practitioner Research on Improving Learning*, 2015). Lo que en realidad es significativo acerca de este tipo de aprendizaje es que los empresarios visualicen que es necesario configurar un enfoque integrador (aprendizaje formal e informal) y eliminar el paradigma de que el aprendizaje informal es solo para ambientes informales y el formal para los entornos homónimos, el reto es encontrar el balance entre ambos y elegir la fórmula ideal debido a las características de los empleados, la empresa, la industria y las condiciones del entorno (Amelia *et al.*,2015).

Formación Compensatoria: El costo de empleados con baja escolaridad

Labarca (1998) describe a la formación compensatoria como un fenómeno donde las empresas emplean a personal con baja escolaridad o de edad avanzada por resultar, en un inicio menos costoso, pero en el largo plazo, cuando la empresa requiera nivelar sus habilidades, destrezas y conocimientos, se ve obligada a otorgar altas cantidades al rubro de capacitación, estas erogaciones van más allá de los pagos por formación (disminución en la producción, sacrificios en la calidad de los productos y servicios, entre otros), ya que esta situación conlleva costos ocultos y de oportunidad para la empresa o para el Estado cuando se instauran programas sociales de capacitación o subsidios.

Investigaciones respecto el tema en países de América Latina han detectado que la formación en el trabajo no sustituye a la educación básica (Labarca, 1998).

El nivelar a los empleados significa gastos iniciales por adecuaciones para la capacitación, desembolsos por materiales didácticos, retribuciones a capacitadores o docentes, más espacio y tiempo; concluida esta etapa de formación es poco probable que se recupere con productividad la inversión realizada, además en muchos casos cuando el colaborador adquiere nuevas habilidades, se fija nuevas expectativas acerca de qué puesto debe ocupar y se lanza en búsqueda de otras opciones (pasar de producción a administración). Al comienzo de este capítulo se señalaba el alto índice de rotación en las PYMES, y es precisamente para las empresas con este problema que la formación compensatoria no resulta atractiva.

Para trabajar en una solución al dilema que representa apostar por la capacitación compensatoria Labarca (1998) añade que dicho proceso debe ir acompañado por estrategias de carácter social: guarderías infantiles, bonos por antigüedad y productividad, incentivos por calificaciones u otros, estos cambios revolucionarían la gestión empresarial.

Por tanto, para que a las PYMES les resulte conveniente desembolsar recursos para el desarrollo de las habilidades básicas de la mano de obra poco calificada, situación donde el principal beneficiado es el propio trabajador, necesita de incentivos cuyo beneficio supere el riesgo de dicha inversión y el costo de la rotación del talento humano. En este sentido es necesario puntualizar la participación del gobierno, pues de aumentar el presupuesto a la educación escolar, disminuye el costo para las empresas en el rubro de capacitación, contribuye al mejoramiento de la productividad, a la mayor flexibilidad y adaptación a nuevas formas de trabajo, aporta las bases para que la mano de obra esté en condiciones de sacar provecho a los nuevos aparatos y desarrollos, así como aumentar sus habilidades para participar en el desarrollo de nueva tecnología (Labarca, 1999).

Conclusiones

El éxito de las organizaciones modernas depende en gran medida de su capacidad para diferenciarse de la competencia por medio de la obtención y conservación de ventajas competitivas, lo que ha convertido a la *gestión del talento humano* en una prioridad (Armentos, Jaramillo, Sologaistoa y Zermeño, 2015), el reto es aún mayor para el segmento empresarial confirmado por las PYMES. Las pequeñas y medianas empresas contemporáneas son pieza clave del crecimiento, generación de empleo e integración y estabilización social, sin embargo, su creación y supervivencia son altamente afectadas por la dinámica económica, el ambiente globalizado y las tendencias productivas características del siglo XXI, mismas que han elevado la necesidad de trabajar en el desarrollo de los recursos humanos. La formación del talento humano fomenta el crecimiento económico de cada país y en el conglomerado, el desarrollo del mercado mundial (Medárová, 2015); por lo que una conveniente y oportuna selección y aplicación de las técnicas de capacitación en las PYMES es un tema delicado con consecuencias significativas en el desempeño de las entidades, es importante que los empresarios sigan paso a paso el proceso metodológico que una capacitación representa (desde detección de necesidades hasta la evaluación de los resultados), igualmente sustancial es conocer los tipos y técnicas de capacitación existentes, solo bajo el conocimiento de sus ventajas, inconvenientes y formas, se estará en posibilidad de tomar la mejor decisión para potencializar las bondades de la capacitación. Además, ningún proceso relativo al personal es un procedimiento aislado de las estrategias organizacionales, los administradores de las PYMES deben analizar que sus planes estratégicos sigan la alineación estratégica debida entre sus objetivos y las acciones emprendidas en el tema de capacitación.

Referencias

Amelia, M., Giancaspro, M.L., Morciano, D., Pastore, S. y Scardingo, A.F. (2015). Formar e informal learning in the workplace: A research review. *International Journal of Training and Development, 19* (1), doi 10.1111/ijtd.12044

AméricaEConomía. (2014). MBA & Educación ejecutiva. *5 ventajas del e-learning sobre la capacitación tradicional.* Disponible en http://mba.americaeconomia.com/content/5-ventajas-del-e-learning-sobre-la-capacitaci%C3%B3n-tradicional

Antonijević, S. y Radaković, M. (2013). *Balance between formal and informal learning - experience and challenges of civil servants training in Serbia* [archivo PDF]. Disponible en http://www.nispa.org/conf_paper_detail.php?cid=21&fs_papersPage=4&p=2674&pid =6589

Armentos, M., Jaramillo, M., Sologaistoa, A.G. y Zermeño, L.O. (2015). Las competencias laborales: estudio exploratorio en el sector industrial de la Comarca lagunera. *Revista Internacional Administración & Finanzas, 8* (3), 31-51.

Bassols, C. y Salvans, G. (2016). Institute for Public Policy Research. *EUROPEAN CASE STUDY High-quality dual vocational learning in Spain: the Alliance for Dual Vocational Training.* Disponible en http://www.ippr.org/files/publications/pdf/nsaw-case-study-bassols-salvans-may2016.pdf?noredirect=1

Bastidas, C.A., Campuzano, M.A. y Robalino R.C. (2016). Coaching como estrategia de competitividad en las PYMES. *Revista Publicando, 3* (7), 428-437.

Bundesministerium fur Arbeit und Soziales y Bundesministerium fur Wirtscraft und Energie. (2017). *Vocational training in Germany* [archivo PDF]. Disponible en http://www.make-it-in-germany.com/fileadmin/content/make-it-ingermany/PDF/MIIG_Ratgeber_Ausbil dung_en_150407.pdf

Calderón, F. (2014). Alto Nivel. *E-learning, solución a la capacitación corporativa.* Disponible en http://www.altonivel.com.mx/42987-e-learning-solucion-a-la-capacitacion-corporativa/

Centro de Capacitación Integral. (2013). *Diferentes tipos de capacitación.* Disponible en http://www.capacitacionintegral.com/que-ofrecemos/diferentes-tipos-de-capa.html

Centro de Capacitación Integral. (2013). *Diferentes modalidades de capacitación.* Disponible en http://www.capacitacionintegral.com/que-ofrecemos/diferentes-modalidades-de-capa.html

Cunha, L., Feliciano, P., Figueiredo, A., Leal, I. y Trindade, S, (2013). *Trainings-Action Strategies in Portugal-SME.* Matosinhos, Portugal: Quaternaire Portugal.

Cristiani, V. y Zuk, L. (2013). *La formación basada en el enfoque de competencias laborales* [archivo PDF]. Disponible en https://aaeap.org.ar/wp-content/uploads/2013/6cong/ZUK_CRISTIANI.pdf

Crea Comunidades de Emprendedores Sociales. (2015). Crea Emprendedores Sociales. *Mujeres Moviendo México.* Disponible en http://www.crea.org.mx/mujeres/

Díaz, J.E., Esquivel, I. y Velásquez, A. (2015). Universidad Veracruzana. *Capacitación en línea de RRHH en el sector privado y público en Latinoamérica: casos de éxito.* Disponible en https://www.uv.mx/personal/iesquivel/files/2015/02/CapacitacionLaboralEnLinea.pdf

European Association for Practitioner Research on Improving Learning. (2015). *Informal Learning Guide* [archivo PDF]. Disponible en https://eapril.org/sites/default/files/2016-12/ILG%20Report.pdf

Federal Ministry of Education and Research. (2016). Bundesministerium fur Bildung und Forschung. *Report on Vocational Educational and Training.* Disponible en https://www.bmbf.de/pub/Berufsbildungsbericht_2016_eng.pdf

Ghosh, R., Maltbia, T. y Marsick, V.J. (2014). Executive and Organizational Coaching: A Review of Insights Drawn From Literature to Inform HRD Practice. *Advances in Developing Human Resources, 16* (2), 161-183. doi 10.1177/1523422313520474

Hsu, H. y Wang, S. (2008). Use of the Webinar Tool (Elluminate) to Support Training: The Effects of Webinar-Learning Implementation from Student-Trainers' Perspective. *Journal of Interactive Online Learning, 7* (1), 175-194.

Instituto Nacional del Emprendedor. (2017). Blog del Emprendedor. *Diferencia entre coaching y capacitación.* Disponible en https://www.inadem.gob.mx/diferencia-entre-coaching-y-capacitacion/

Instituto Tecnológico y de Estudios Superiores de Monterrey. (2017). Centros comunitarios de aprendizaje. *Red de apoyo al emprendedor - INADEM.* Disponible en http://www.centroscomunitariosdeaprendizaje.org.mx/emprendimiento/articulos/red-de-apoyo-al-emprendedor-inadem

Labarca, G. (1998). Comisión Económica para América Latina y el Caribe. *Capacitación en pequeñas empresas en américa latina Temas principales y sugerencias de políticas.* Disponible en http://www.cepal.org/publicaciones/xml/3/4603/cap4.htm

Labarca, G. (1999). Capacitación en pequeñas empresas en América Latina. *Revista CEPAL, 67,* 33-48.

Lavalle, E. y Pardo, I.A. (2012). *Diseño de un modelo de capacitación basado en competencias para el personal Directivo de la Fundación Juan Felipe Gómez Escobar* (Tesis de Posgrado). Universidad de EAN, Cartagena, Colombia.

Lee, K. W. (2016). Tokyo: Asian Development Bank Institute. *Skills Training by Small and Medium-Sized Enterprises: Innovative Cases and the Consortium Approach in the Republic of Korea.* Disponible en http://www.adb.org/publications/skills trainingsmall-and-medium-sized-enterprises-innovative-cases-consortium-approach-korea/

Lee Kuan Year School of Public Policy. (2016). *Vocational Education and Technical Training in Indonesia: Challenges and Opportunities for the Future* [archivo PDF]. Disponible en https://lkyspp.nus.edu.sg/wpcontent/uploads/2016/10/lkysppms_case_study__technical_and_vocational_education_and_training_in_indonesia.pdf

Medárová, V. (2015). *Survey of e-Learning Experience in Slovak SMEs* [archivo PDF]. Disponible en http://www.cutn.sk/Library/proceedings/mch_2015/editovane_prispevky/34.%20Medarova.pdf

MexicoFIRST. (2013). *MexicoFIRST*. Disponible en http://www.mexico-first.org/index.php?option=com_content&view=article&id=99&Itemid=54

Nacional Financiera. (2004). ¿Qué es la capacitación? [archivo PDF]. Disponible en www.nafin.com.mx/portalnf/get?file=/pdf/...negocio/recursos_humanos5_3.pdf

Odunuga, F. (2017). SME Toolkit Nigeria Blog. *HR Strategy for Small Businesses*. Disponible en nigeria.smetoolkit.org/blog/.../05/human-resource-management/view=print

ReadyTalk. (2017). *Training Successfully with Webinars* [archivo PDF]. Disponible en https://www.readytalk.com/sites/default/files/docs/support-training/Training%20Successfully%20with%20Webinars.pdf

Rok, H. (2017). Exploratory Study Examining the Joint Impacts of Mentoring and Managerial Coaching on Organizational Commitment. *Sustainability, 9* (2), 181. doi: 10.3390/su9020181

Secretaría de Economía. (2017). *Centros México Emprende.* Disponible en http://www.2006-2012.economia.gob.mx/mexico-emprende/empresas/emprendedor/112-centros-mexico-emprende

Secretaría de Economía. (2017). *Programa de Capacitación y Consultoría.* Disponible en http://www.2006-2012.economia.gob.mx/mexico-emprende/empresas/pequena-empresa/111-capacitacion-y-consultoria

The Miles Group y Stanford University. (2013). *2013 Executive Coaching Survey* [archivo PDF]. Disponible en https://www.gsb.stanford.edu/sites/gsb/files/publication-pdf/cgri-survey-2013-executive-coaching.pdf

Young, J. (2009). Facilitate. *Designing Interactive Webinars* [archivo PDF]. Disponible en http://www.facilitate.com/support/facilitator-toolkit/docs/designing-interactive-webinars.pdf

Capítulo 7
La capacitación a través
de las redes sociales en las PYMES

Danae Duana Ávila

Introducción

Las economías en desarrollo se han visto inmersas en un proceso de globalización que abarca a la mayoría de las economías, generando efectos positivos o negativos los cuales se han reflejado principalmente en de los sectores sociales del país. A lo largo del siglo XXI este fenómeno global se ha acelerado de manera radical afectando a las empresas del país (pequeñas, medianas y grandes). La globalización de los mercados ha generado la internacionalización de los negocios y con ello el incremento de la competitividad global, por ello surge la necesidad de adaptación y la implementación de estrategias para defenderse dentro de un mercado mundial; sin embargo, el resultado no ha sido favorable para todos los países.

En el caso de México, al igual que la mayoría de los países en desarrollo, no permaneció exento de las transformaciones económicas, sociales y tecnológicas que trajo como consecuencia la globalización; por el contrario, su participación en este proceso universal comenzó desde la llegada de Cristóbal Colón en 1492, constituyéndose como el principal país del desarrollo de expansión del reino español. Si bien este suceso trajo consigo consecuencias positivas, de la misma manera también conlleva a resultados negativos como la crisis económica de 1994, y a partir de ahí la economía nacional se ve en decremento, los empleos se pierden alrededor de un 5.2% (Forbes, 2016); aumenta la pobreza, la cual de acuerdo con el Consejo Nacional de Evaluación de la Política de Desarrollo Social indicó que de 2010 a 2012 aumentó de 46.1% a 45.5% (CONEVAL, 2012), la desigualdad entre los países desarrollados y los subdesarrollados se hace presente, surge la creación de monopolios y con ello las pequeñas y medianas empresas se encuentran en desventaja frente a las multinacionales, puesto que la competencia resulta un obstáculo para ellas; en el territorio mexicano las Pequeñas y Medianas empresas PYMES constituyen el 99.8% de las unidades económicas residentes del país y genera el 75% de empleos dentro del mismo, a pesar de la gran importancia que tienen dentro de la economía nacional la inestabilidad organizacional de éstas genera problemas durante su desarrollo, disminuyendo de forma considerable su ciclo de vida.

Según estadísticas del Instituto Nacional de Estadística y Geografía (INEGI) la esperanza de vida de negocios establecidos en México es de periodos muy cortos, ya que el 70% de las empresas cierran antes de cumplir 5 años, y tan solo el 11% llegan a cumplir 20 años. Cuando no se tiene una adecuada dirección de los objetivos que se quieren lograr dentro de la empresa, éstos pueden desviarse ocasionando deficiencias en áreas que se ocupan de la optimización de los recursos, el control de los procesos productivos.

Las exportaciones mexicanas tienen un gran déficit de -3, 247.5 millones de dólares en la balanza comercial (INEGI, 2015) y las PYMES constituyen solo el 5%, otros problemas que tiene que enfrentar son las importaciones. Cuando se tiene una apertura comercial como la que posee México es posible ser partícipe de la comercialización internacional, pero esto no solo podría significar beneficios puesto que se propicia también la fuga de capitales.

El presente trabajo analizará la importancia de la restructuración de mercadotecnia para las PYMES, estableciendo políticas que permitan a sus productos competir con las empresas nuevas que se encuentren dentro del país, asimismo buscar la extensión hacia mercados internacionales adaptando los productos a políticas gubernamentales-sociales para el éxito de las empresas en el territorio extranjero.

Antecedentes teóricos

Inicios del marketing experiencial

Las primeras campañas de marketing experiencial, tienen origen en los años ochenta, pero no es sino hasta los noventa cuando empiezan e despertar mayor interés y entusiasmo entre los investigadores de diversas áreas de conocimiento al ser considerado clave fundamental en el análisis del comportamiento de compra del consumidor.

Holbrook y Hirschman son los pioneros en la contribución de la investigación del marketing experiencial y resaltan la importancia de las emociones como factor clave del comportamiento de los consumidores, demostrando que la decisión de compra no sólo se trata de cuestiones meramente racionales, el argumento de estos autores tomó mayor fuerza en los años noventa.

Lo primero y más importante a destacar es la idea de crear estrategias pensadas sólo en el cliente, donde se crea una experiencia pensada solamente en él para que tenga un recuerdo memorable de la misma y lo vincule de forma estrecha con algún producto o servicio, por ende, con alguna marca en particular.

Por ello conceptos tales como marketing experiencial y marketing de la experiencia aportados por Bernd Schmitt en el año de 1999 y el diseño de la experiencia hoy en día son tomados en cuenta y valorados de forma seria por los profesionales del marketing a la hora de crear campañas experienciales.

El marketing experiencial ha sido un tema de prioridad y actualidad en los últimos 25 años, desde que se presentó por primera vez la idea de que el comportamiento del consumidor tiene una dimensión particularmente experiencial y se postuló la experiencia como una alternativa para entender el comportamiento de los consumidores (Tynan y McKecnie, 2009; Holbrook y Hirschman, 1982).

El aumento de interés en el marketing experiencial se debe a los desafíos actuales a los que se enfrentan los especialistas en marketing, entre los retos que se les presentan está la dificultad de diferenciación de productos y servicios y el reconocimiento de la importancia de las experiencias de los clientes en el desarrollo de ventajas competitivas.

En el año 2004 Poulsson y Kale se dieron cuenta de que no había una forma de definir exactamente lo que constituye una experiencia en términos de marketing. La experiencia se define como un verbo y sustantivo utilizado de diversas maneras para transmitir un proceso en sí mismo, se vive una experiencia por medio de emociones, sentimientos, pensamientos también mediante alguna habilidad o aprendizaje.

En la actualidad los consumidores se basan en diferentes criterios al momento de tomar las decisiones de compra, no están buscando lo de siempre, que era un precio accesible por un beneficio temporal, hoy día quieren vivir experiencias agradables antes durante y después del consumo.

Las empresas ahora se tienen que preocupar por generar lealtad de una manera diferente, ya no es tan preocupante saber si los consumidores tienen o no los recursos para adquirir el producto o servicio, sino la fidelidad que la experiencia vivida le traerá a la marca. La manera eficaz[1] de hacerlo es crear una situación vivencial en donde los clientes potenciales interactúen de forma directa con el producto y/o servicio, lo más importante en estas estrategias es que el consumidor pueda sentir el producto sin tener que comprarlo primero.

Al probar el producto el consumidor puede hacer lo que quiera con él, sugerir los cambios que a él le parezcan pertinentes y necesarios para satisfacer sus deseos de demanda, esto hace que se sienta escuchado y atendido de manera correcta. Cuando una empresa se preocupa por interactuar con los clientes y su competencia no lo hace, eso conlleva una ventaja competitiva que posteriormente se traduce en ventas y por ende grandes utilidades.

Teoría de Singer-Prebisch

Esta teoría fue desarrollada por Raúl Prebisch y Hans Singer, en 1950 después de la crisis de la primera globalización en América Latina, durante este periodo la balanza comercial de estos países tenían un gran déficit. Dentro de esta teoría se analizaba el comportamiento de las relaciones económicas entre países desarrollados y países en vía de desarrollo. Esta teoría verificó el impacto negativo que tienen los países ricos con los países en vías de desarrollo.

Entre los factores que intervinieron para el desarrollo de la crisis económica fueron: la oferta de productos de distintos

---

[1] Eficaz: Capacidad de alcanzar el efecto que espera o se desea tras la realización de una acción

países a un mismo mercado, segmento o nicho, originando la baja en los precios de los productos ofertados; la alta productividad de las empresas generando la disminución en el costo del producto y beneficiando solo a los países ricos; la absorción de tecnología de los países desarrollados es mucho mayor, lo cual podría facilitar sus procesos productivos que optimizaran recursos y tiempo, de esta manera las empresas pierdan terreno al competir con productos sintéticos.

Finalmente esta teoría proponía la sustitución de importaciones con la productividad nacional para cubrir la demanda de distintos productos dentro del territorio nacional, la satisfacción de la demanda con producto nacional.

Evolución del Comercio Exterior en México

Una de las características principales que ha tenido México en materia económica es el déficit de balanza comercial, al darse cuenta de esto, el gobierno mexicano comenzó a crear políticas económicas a finales del siglo xx, el propósito era restituir las debilidades que presentaban las empresas, las cuales yacían acostumbradas a la falta de competitividad por permanecer distantes a la apertura comercial.

En el año 1980, la participación de México en el comercio mundial era apenas del 1% con exportaciones que ascendían a 18 mil millones de dólares, siendo los principales mercados de destino: Estados Unidos (70.5%), la entonces Comunidad Europea (6.5%) y países de Asia, particularmente Japón (3.7%) (Bortolotti, 2011).

En 1986 México se añadió al Acuerdo General sobre Aranceles y Comercio (gatt) y fue hasta entonces cuando se efectuaron programas de fomento para las empresas exportadoras, de ahí se derivaron otras medidas como la eliminación y reducción de aranceles. Así, para el año 1990 la exportación se incrementó hasta casi 41 mil millones de dólares.

Uno de los sucesos que marcó de manera significativa a la evolución de la economía fue la creación del Tratado de Libre Comercio con América del Norte (TLCAN) firmado por México, Canadá y Estados Unidos, el 17 de diciembre de 1992 entrando en vigor el 1 de enero de 1994. Su finalidad es contribuir a la apertura y ampliación del mercado de América del Norte, desde entonces, el TLCAN ha eliminado de forma sistemática la mayoría de las barreras arancelarias y no arancelarias del comercio y la inversión entre los países de América del Norte, dando origen al establecimiento de un marco de estabilidad y confianza para las inversiones de largo plazo y comienza en México un crecimiento de las exportaciones.

En la tabla 1 se analiza el comportamiento de la balanza comercial de México y los países con los que constituye los Tratados de Libre Comercio Multilaterales, para visualizar las ganancias y pérdidas que ha tenido desde el año de la entrada en vigor hasta concluir el año 2015. De esta manera se pudo observar la cantidad de exportaciones e importaciones realizadas dentro del país, siendo las exportaciones mayores y dando como resultado un superávit en la balanza comercial de 100,039.60 millones de dólares; sin embargo, 26 de los 40 países comprendidos en los tratados multinacionales sufrieron un déficit en la balanza comercial de 26,040.90 millones de dólares, lo cual representa el 65% del total. Dentro de los países con déficit comercial se encuentran algunos miembros del Tratado de Libre Comercio con la Unión Europea, que se estima en una cantidad de 25,282.40 millones de dólares, exportando tan solo un 5.35% del total de productos nacionales; así como la mayoría de los integrantes de la Asociación Europea de Libre Comercio con un déficit de 144 millones de dólares (Secretaría de Economía, 2015).

Tabla 1. Balanza Comercial de México con Base en los Tratados de Libre Comercio Multilaterales (en millones de dólares)

Países	Año de entrada en vigor	Exportaciones	Importaciones	Balanza comercial
TOTAL		344,511.90	244,473.30	100,038.60
CON TLC		356,116.70	266,114.60	90,002.10
TLCAN	1994	319,333.60	196,750.00	122,583.60
Estados Unidos	1994	308,787.90	186,802.00	121,985.90
Canadá	1994	10,545.70	9,947.90	597.80
TLC CON CENTROAMÉRICA	2003	4,911.90	2,112.10	2,799.80
Costa Rica	2003	964.5	550	414.50
El Salvador	2003	636.2	136.3	499.90
Guatemala	2003	1,814.10	461.2	1,352.90
Honduras	2003	555	415	140.00
Nicaragua	2003	942	549.6	392.40

Fuente: Elaboración propia con datos de (Secretaria de Economía, 2015).

Tabla 1.1. Balanza Comercial de México con Base en los Tratados de Libre Comercio Multilaterales (en millones de dólares)

Países	Año de entrada en vigor	Exportaciones	Importaciones	Balanza comercial
TLCUEM 28	2000	18.440,20	43.722,60	-25.282,40
Alemania	2000	3.510,10	13.974,70	-10.464,60
Austria	2000	204,6	1.106,80	-902,20
Bélgica	2000	1.595,80	1.073,60	522,20

Bulgaria	2000	13,3	57,1	-43,80
Chipre	2000	11	4,3	6,70
Croacia	2000	20,7	25,5	-4,80
Dinamarca	2000	174	483,4	-309,40
Eslovenia	2000	12,8	110,3	-97,50
España	2000	3.534,50	4.554,40	-1.019,90
Estonia	2000	8,6	114	-105,40
Finlandia	2000	116,7	500,2	-383,50
Francia	2000	2.119,80	3.726,60	-1.606,80
Grecia	2000	28,3	224,5	-196,20
Hungría	2000	220,3	971,6	-751,30
Irlanda	2000	247,6	1.526,00	-1.278,40
Italia	2000	1.646,80	5.061,60	-3.414,80
Letonia	2000	16,1	14,2	1,90
Lituania	2000	43,7	32	11,70
Luxemburgo	2000	136,8	64,7	72,10
Malta	2000	7,2	79,3	-72,10
Países Bajos	2000	1.835,20	3.252,70	-1.417,50
Polonia	2000	314,4	1.130,20	-815,80
Portugal	2000	165,2	425,4	-260,20
Reino Unido	2000	1.968,10	2.344,80	-376,70
Republica Checa	2000	190,7	1.156,50	-965,80
República Eslovaca	2000	44,4	347,2	-302,80
Rumania	2000	96,4	357,3	-260,90
Suecia	2000	157	1.003,50	-846,50
AELC	2001	1.826,20	1.888,60	-62,40
Islandia	2001	0,4	10,5	-10,10
Liechtenstein	2001	4,7	11,9	-7,20
Noruega	2001	62,7	189,4	-126,70
Suiza	2001	1.758,40	1.676,90	81,50

Fuente: Elaboración propia con datos de (Secretaria de Economía, 2015).

En la tabla 2 se analiza la balanza comercial entre México y los países con los que tiene Tratados de Libre Comercio Bilaterales, en la cual se manifestó una pérdida en la balanza comercial de 14,506.20 millones de dólares, lo que significa que las importaciones están por encima de las exportaciones. El país importó en mayor medida principalmente productos provenientes de Japón, siendo éste uno de sus socios comerciales más influyentes en el mercado.

Tabla 2. Balanza Comercial de México con Base en los Tratados de Libre Comercio Bilaterales (en millones de dólares)

Países	Año de entrada en vigor	Exportaciones	Importaciones	Balanza Comercial
TOTAL		3,235.20	17,741.40	-14,506.20
Perú	2012	1,650.70	681.3	969.40
Uruguay	2004	218.2	373.2	-155.00
Chile	1999	1,861.40	1,480.40	381.00
Colombia	1995	3,668.10	922.5	2,745.60
Israel	2000	147.1	694.9	-547.80
Japón	1999	3,017.00	17,368.20	-14,351.20
Panamá	2015	1,042.40	120.8	921.60

Fuente: Elaboración propia con datos de (Secretaria de Economía, 2015).

En la tabla 3 se observa la ganancia que ha conservado México con aquellos países con los que no celebra ningún Tratado Comercial incluyendo al resto del mundo, sin embargo, con la mayoría de éstos presenta pérdidas en grandes cantidades de millones de pesos.

Tabla 3. Balanza Comercial de México con Base en los países con los que no celebra Tratados Comerciales y el Resto del Mundo (en millones de dólares)

Países	Año de entrada en vigor	Exportaciones	Importaciones	Balanza Comercial
TOTAL		1.853,30	1.069,30	784,00
SIN TLC		17.482,00	96.002,30	-78.520,30
Argentina	1994	1.497,10	1.056,90	440,20
Brasil	1994	3.798,90	4.622,10	-823,20
China	1994	4.885,10	69.987,80	-65.102,70
Corea	1994	2.815,90	14.633,10	-11.817,20
Cuba	1994	356,2	12,4	343,80

Fuente: Elaboración propia con datos de (Secretaria de Economía, 2015).

Tabla 3.1. Balanza Comercial de México con Base en los países con los que no celebra Tratados Comerciales y el Resto del Mundo (en millones de dólares)

Países	Año de entrada en vigor	Exportaciones	Importaciones	Balanza Comercial
Ecuador	1994	543,3	164,3	379,00
India	1994	1.841,30	4.066,90	-2.225,60
Singapur	1994	522,5	1.328,30	-805,80
Venezuela	1994	1.221,80	130,5	1.091,30
Resto del Mundo	1994	7.173,30	33.115,50	-25.942,20

Fuente: Elaboración propia con datos de (Secretaria de Economía, 2015).

De esta manera, se concluyó que el país ha importado en mayor cantidad por encima de las exportaciones, dando como resultado pérdidas considerables para la economía nacional, una idea errónea que tanto el gobierno como los demás sectores económicos han conservado es la centralización monopólica en el sector extractivo, considerando al petróleo como la principal fuente de ingreso para el país y aunque estas exportaciones son las que mantienen en movimiento la balanza comercial del país, también representa un motivo de descuido del resto de los sectores de la economía y como resultado, no se cuentan con productos competitivos para hacer frente al comercio exterior, además la pobreza y las complicaciones que sufre el mercado nacional son otros factores que impiden el pleno desarrollo de la economía mexicana.

Pequeñas y Medianas empresas en México. Evolución y desarrollo

Las Pequeñas y Medianas Empresas (PYMES) ejercen un papel muy importante en la economía nacional, puesto que representan los principales factores para el desarrollo y crecimiento del país, son uno de los componentes que determinan la competitividad de forma tanto interna como externa, además son generadores de empleo, contribuyen al crecimiento del Producto Interno Bruto (PIB) y por ende, mejoran la calidad de vida de los mexicanos.

De acuerdo con la Subsecretaría para la Pequeña y Mediana Empresa, los estudios realizados durante el 2010 muestran que las PYMES representan el 99.1% del total de las empresas constituidas en el país. Sin embargo, debido a que han sufrido cambios notables y constantes a través del tiempo, ha resultado de gran complejidad el poder clasificarlas y situarlas de manera precisa. Así, la catalogación de las Pequeñas y medianas empresas ha ido modificándose y estableciéndose por diferentes órganos económicos de acuerdo con las características que presentan las PYMES a lo largo de su evolución.

Este proceso evolutivo se concreta en tres etapas distinguidas:

Primera etapa: Las PYMES, principalmente las pertenecientes al sector industrial comenzaron a adquirir importancia en los años cincuenta y sesenta durante la vigencia del modelo de sustitución de importaciones. Este modelo permitió, en un contexto de economía cerrado y mercado interno reducido, alcanzar importantes logros aunque con limitaciones en materia de equipamiento, organización, escala, capacitación, información, etc. Segunda etapa: El modelo de sustitución de importaciones exhibió un gran dinamismo negativo que afectó a la productividad como a la calidad de las empresas, alejándolas de los niveles internacionales y, originando que las mismas, durante los setenta, época de inestabilidad macroeconómica, se preocuparan sólo por su superveniencia, lo que las sumió en una profunda crisis que continuó en la década de los ochenta. Tercera etapa: A partir de los cambios que se dieron en los noventa en lo referente a disponibilidad de financiamiento externo y estabilidad económica interna, manifestaron el comienzo de una nueva etapa para las PYMES, con algunos obstáculos que aún deben superarse (Huerta, 2011).

Desde sexenios anteriores, el gobierno mexicano implementó programas de apoyo para el desarrollo de las PYMES, ésta fue una de las razones por las que se lograron grandes avances en el comercio interno. A partir de la puesta en práctica de estos sistemas se planeaba incrementar la capacidad de las PYMES, renovar su estructura organizativa, introducir el conocimiento tecnológico, mejorar la competitividad, contar con personal asesorado capaz de efectuar todas sus actividades y cumplir con sus responsabilidades sometiéndose al cumplimiento de los objetivos de la empresa, y con ello alcanzar el progreso y el pleno desarrollo de las Pequeñas y Medianas Empresas en el país.

Clasificación de PYMES

Para establecer una clasificación concreta de las PYMES se sometió a una serie de catálogos que surgieron de instituciones y años diferentes, en función de la variabilidad de criterios que presentaron las PYMES, de entre las cuales se tomaron en cuenta la cantidad de personal, monto y volumen de la producción monto y volumen de las ventas y capital productivo (IIESCA, 2001).

La clasificación de las PYMES se ha estructurado de acuerdo con el número de empleados que posee y al total monetario de sus ventas realizadas. De acuerdo con el Diario Oficial de la Federación la estratificación de las empresas para su correcta catalogación es la siguiente tabla (DOF, 2009):

Tabla 4. Estratificación de Pequeñas y Medianas Empresas

Tamaño	Sector	Rango de Número de Trabajadores	Rango de Monto de Ventas Anuales (mdp)	Tope Máximo Combinado
Pequeña	Comercio	Desde 11 hasta 30	Desde $4.01 hasta $100	93

Fuente: DOF, 2009.

Tabla 4.1. Estratificación de Pequeñas y Medianas Empresas

Tamaño	Sector	Rango de Número de Trabajadores	Rango de Monto de Ventas Anuales (mdp)	Tope Máximo Combinado
	Industrias y Servicios	Desde 11 hasta 50		95
Mediana	Comercio	Desde 31 hasta 100	Desde $100.01 hasta $250	235
	Industria	Desde 51 hasta 100		
	Servicios	Desde 51 hasta 250		250

Fuente: DOF, 2009.

Asimismo el tamaño a la que pertenece cada una se determinará a través de la fórmula del Tope Máximo Combinado:

Tope Máximo Combinado = (N° de trabajadores) x 10% + (Monto de Ventas Anuales) x 90% (DOF, 2009).

Por ejemplo: Una empresa manufacturera tiene 42 empleados contratados para la producción necesaria, su ventas anuales son de 4.4 millones de pesos. Para saber el tamaño de la empresa de recurre a la fórmula anterior:

Tope Máximo Combinado= (42) x 10% + (4.4 mdp) x 90% = 8.16

Como se puede observar en la tabla 4, el tope máximo combinado se maneja a través de puntos, estos puntos son los que determinarán el tamaño de la empresa; en el ejemplo anterior se pudo visualizar el tope máximo combinado de la empresa, el cual es equivalente a 8.16 entrando en el rango de < de 95 puntos en las pequeñas empresas, asimismo se observó que esta empresa se clasifica de la siguiente forma:

La empresa se clasifica como pequeña, encaminada a actividades en el sector económico de la industria manufacturera.

Marketing Internacional

Hoy día la globalización es un proceso normal y común en todas las economías del mundo, sus orígenes datan de muchos años atrás. Este proceso comenzó en América Latina durante la Conquista por parte de la supremacía española, durante este proceso se mezclaron dos culturas diferentes compartiendo: tradiciones, costumbres, religión, lenguas y formas de pensar. El comercio cuya actividad ha tenido relevancia a lo largo de la historia, y de las distintas civilizaciones, también formó parte de este proceso de cambio con la comercialización de mercancías entre el continente Europeo y el Americano, y de este intercambio con el resto del mundo como lo fue el continente Asiático.

Un mercado local
a un mercado internacional

México es un país con una gran apertura comercial gracias a su incorporación a distintas organizaciones internacionales como la Organización de Cooperación y Desarrollo Económico (OCDE) en 1994 y la Organización Mundial del Comercio (OMC) en 1997. La firma de tratados y acuerdo comerciales como el TLCAN en 1994, TLCUEM en 2000, y el Tratado de Asociación Transpacífico (TPP) 2015; éstas dan a distintas empresas mexicanas la oportunidad de buscar mercados exteriores, los principales objetivos de buscar mercados en el extranjero es incrementar ventas, incrementar ganancias y buscar un rango mayor de consumidores.

Esta tarea no es sencilla, las empresas se encuentran en un entorno de cambio constante, para ello se deben tener ciertas habilidades y estrategias que permitirán a la empresa llegar las metas deseadas. El marketing es el proceso social y administrativo por el que los grupos e individuos satisfacen sus necesidades al crear e intercambiar bienes y servicios (Kotler, 2002).

Esta definición establece la relación entre el consumidor y el empresario, brindándole al consumidor la oportunidad de buscar los bienes y servicios que satisfagan sus necesidades, y al empresario comprender los factores que incurren a la decisión de los consumidores al adquirir un producto. El objetivo principal del marketing es crear el valor del producto para el consumidor.

Además de crear dicho valor para los consumidores, el marketing es usado como base para la definición de un mercado en específico: un segmento, un nicho, el grupo de personas que serán los clientes; para ello es necesario ajustarse a sus necesidades y mantener una gran relación con la misma.

El marketing internacional, es la que busca la relación entre un consumidor y un empresario de entornos totalmente diferentes, en este entorno se enfrentan a barreras tanto culturales como gubernamentales, adaptar el producto se convierte en una necesidad, aspectos que van desde su manipulación hasta su empaque.

La ventaja comparativa que posee cada país permite la libre competencia entre empresas nacionales y multinacionales, a veces esta competencia perjudica de forma considerable la economía de otros países como lo explica la teoría de Singer-Prebisch, por ello es que la inmersión a nuevos mercados es necesaria por parte de las empresas nacionales, ya que las oportunidades pueden llegar a ser mucho mejores que las que se encuentran internamente, un mayor número de consumidores, mejores ganancia, ganar prestigio como empresa, diversificar mercados aumentando riesgos y beneficios; esto puede llevarse a cabo investigando, adaptando y estableciéndose con ayuda de un plan de marketing.

Marketing Internacional y las PYMES

Las PYMES consideran al marketing como una idea excesiva, ya que su administración es básicamente empírica y este concepto se relaciona sólo con la publicidad, la acción de "atraer y vender"; pero que hay de lo demás que le puede aportar a las empresas, definir precios, segmentos, crear el valor para el cliente, crear una relación de confianza con el cliente.

Los principales beneficios que podría aportar el marketing a las PYMES, se encuentran en la investigación de nuevos mercados, comerciar con el exterior suena a veces como una idea lejana, pero el proceso de globalización es un proceso actual y en constante transformación.

Las empresas mantienen esta relación comercial con este nuevo destino a través de las exportaciones, hay 5 etapas durante la globalización de una empresa: exportación pasiva, exportación pasiva a través de distribuidores, abriendo oficinas de ventas en el extranjero, establecer fábricas en el extranjero y estableciendo oficinas centrales en el extranjero (Kotler, 2003).

Conclusiones

México es calificado como un país en desarrollo y por ello, enfrentarse ante el proceso de globalización representa un reto dentro del mercado internacional, de ahí surge la necesidad de incrementar la competitividad de las PYMES que conforman la economía del país para permanecer dentro del entorno internacional y tener mayores oportunidades de ampliar sus mercados.

Sin embargo, la participación de las PYMES dentro del Comercio Internacional es casi nula, esto es un problema ya que ellas son la principal fuente de empleos formales y las principales aportadoras a la economía interna; debido al establecimiento de empresas transnacionales es imposible que las PYMES puedan obtener un avance en materia económica, crecer como una empresa consolidada, además la producción nacional se ha dejado de lado debido a la inversión extranjera que fomenta la fuga de capitales y riquezas del país.

La mercadotecnia podría ser una herramienta que oriente a las PYMES en la lucha por ganar a un mercado o a un segmento establecido contra empresas transnacionales, como: ganar terreno dentro de la competencia; dejar que ésta prospere dentro de un mercado nacional, para buscar nuevos horizontes que permitan al empresario vender sus productos en otros países a unidades institucionales externas; mejorando así sus ganancias, su reconocimiento, su consolidación, su ventaja y diferenciación para con la competencia. El proceso de inmersión al mercado global es en realidad difícil, lo es aun más cuando no se tiene la adecuada orientación, pues se deben considerar distintos factores, cada uno de ellos importante para el logro de los objetivos visualizados dentro del nuevo mercado; para ello las PYMES deberán buscar y centrarse en el Plan de Marketing que se acerque más a lo que quiera transmitir, lograr y producir.

Referencias

Ancín., J.M. (2010). "El plan de marketing en la Pyme". Alfaomega.

Balderrama., A. Ríos., Humberto. y Neme., O. (2011). "Exportaciones Manufactureras Mexicanas: Comercio Internacional y Tecnología". Plazas y Valdés.

Bortolotti., J. L. (2011) "Las MiPymes en la globalización; procesos y estrategias para su internacionalización". Universidad Autónoma de Querétaro.

CEPAL., (2012). "Prebisch y los Términos de Intercambio". https://www.youtube.com/watch?v=sqUQQX1dTx8 Consultado el día 5 de abril de 2016, a las 17:34 Hrs.

CONEVAL. (2012). Resultados de pobreza en México 2012 a nivel nacional y por entidades federativas. http://www.coneval.org.mx/Medicion/MP/Paginas/Pobreza-2012.aspx consultado el día 23 de abril de 2016, a las 13:04 Hrs.

DOF, (2009). "Acuerdo por el que se establece la estratificación de Micro, Pequeñas y Medianas Empresas". Secretaría de Gobernación. Consultado URL: dof.gob.mx, el día 20 de abril de 2016, a las 14:03 Hrs.

Gobierno de la República (2013). "Plan Nacional de Desarrollo".

González., R. (2011). "Tendencias y nuevos desarrollos de la teoría económica". Revistas de Economía Española.

Heredia., E. Á. (2014). "Las PYMES en México: desarrollo y competitividad". Observatorio de la Economía Latinoamericana.

Huerta., J. L. (2011). "Las mipymes en la globalización; procesos y estrategias para su internacionalización". Universidad Autónoma de Querétaro.

Kauffman., S. (2001). El desarrollo de las micro, pequeñas y medianas empresas: un reto para la economía mexicana. Universidad Veracruzana.

Kotler., P, y Amstrong., G. (2013). "Fundamentos de Marketing". Pearson

Kotler., P. (2003). "Marketing Insights from A to Z". John Wiley & Sons, Inc. pp. 87 – 90

Mohr., A. (2006) "Un plan de crecimiento para la pequeña empresa: domine los números que cuentan". Panorama.

Muciño., F. (2016). La verdadera situación del empleo en México. Forbes

Terpstra., V. Rusow., L. C. (2000) "Introducción a la mercadotecnia internacional". International Thomson Editores.

Vázquez., M, Madrigal., R. (2007). "Comercio Internacional". Grupo Editorial Patria

Capítulo 8
Outsourcing como estrategia
de contratación y capacitación

Karina Valencia Sandoval

Introducción

Fruto de la globalización, de los requisitos de competitividad, de los cambios de patrones tecnológicos y la apertura de los mercados, el *outsourcing* surge como respuesta a las exigencias y estrategias de las empresas para mantenerse competitivos dentro de los mercados, ya sea que éste se utilice como parte de su proceso de contratación o capacitación.

Los desafíos actuales para las organizaciones implican una serie de cambios a fin de permitirles crecer sin que esto se traduzca necesariamente en el incremento de los costos, la tecnificación, además de las implicaciones sociales y el envejecimiento de la fuerza laboral. En materia de capacitación y contratación, el tema del *outsourcing* ha sido por demás controversial, con opiniones a favor que consideran la disminución de costos una de sus grandes ventajas, y detractores que sugieren el encarecimiento grave de las condiciones laborales de miles de trabajadores y la falta de legalidad.

México no ha estado exento de las megatendencias en materia de recursos humanos, el mercado laboral ha sufrido cambios como consecuencia de diversos factores y la externalización del trabajo ha sido una de las respuestas a estos procesos de transformación en los que entre dos y cuatro millones de personas se ven involucradas.

En el presente capítulo se aborda en principio la conceptualización del término, posteriormente se dan los antecedentes y un panorama general de su aplicación e implicaciones para México y el mundo.

Conceptualización

El *outsourcing* es una técnica que si bien no es de reciente implementación en el área de recursos humanos de algunas empresas sí se ha puesto en boga durante los últimos años; derivado del inglés, se le conoce también como "tercerización", "subcontratación" o "externalización" y se refiere a servicios exteriores de las empresas que ejecutan funciones que de manera ordinaria o tradicional se realizarían dentro de la misma empresa.

Luna (2015) lo define como la transferencia de ciertos procesos a terceros, permitiendo a la empresa principal enfocarse en actividades prioritarias sin poner en juego su competitividad y permitiendo la aceleración de procesos productivos.

Por otro lado, Silva (2010) se refiere al *outsourcing* como la asistencia que una empresa externa da a otra, a fin de que la primera realice ciertas actividades para que la contratante se enfoque en su actividad principal de la cual posee una ventaja competitiva.

Palma (2010) indica que el *outsourcing* (al que también se refiere como deslocalización, relocalización, desinversión o *offshoring*) es un fenómeno reciente en el que se faculta a las empresas a mover o desplazar sus plantas, o bien, permitir a otras compañías a que hagan sus actividades con la finalidad de reducir costes Guzmán (2008).

Fórneas (2008) va más allá al especificar que para considerarse *outsourcing* deben cumplirse ciertas condiciones:

* Se contrata por un plazo de tiempo relativamente largo.
* La empresa que se contrata tiene cierto grado de autonomía en sus quehaceres, esto no implica la omisión de parámetros de calidad establecidos.
* El valor de los productos que implica la transacción son menores al costo total.

El *outsourcing* es contratar compañías externas que proporcionan servicios útiles para el desarrollo de las actividades de otras empresas, pero que no necesariamente están relacionados con su propio giro, evitando de algún modo para la empresa contratante todos aquellos aspectos relacionados con el personal (contratación, capacitación, incapacidades, etc) (Sanginés y Sousa, 2009: p. 177).

La Asociación Mexicana de Capital Humano (AMECH) puntualiza que el *outsourcing* es la contratación externa de recursos, o bien el convenio con un tercero para la elaboración de bienes o servicios.

Por su lado, la Organización Internacional del Trabajo (OIT) define la subcontratación como "toda situación en la que el trabajo es ejecutado por una persona que no es trabajador del empleador... pero en condiciones de subordinación o dependencia muy próxima..."

También el Instituto Nacional de Estadística y Geografía (INEGI) retoma el tema definiéndolo como la contratación de empresas especializadas para realizar procesos o partes de un proceso que integran el procedimiento productivo general de la empresa contratante. Según el INEGI los servicios más contratados bajo esta modalidad son informática, contabilidad, telemarketing, diseño gráfico e investigación. Además la empresa signada puede o no laborar dentro de las instalaciones de la contratante (figura 1).

Figura 1
Desagregación del personal ocupado total en los Censos Económicos

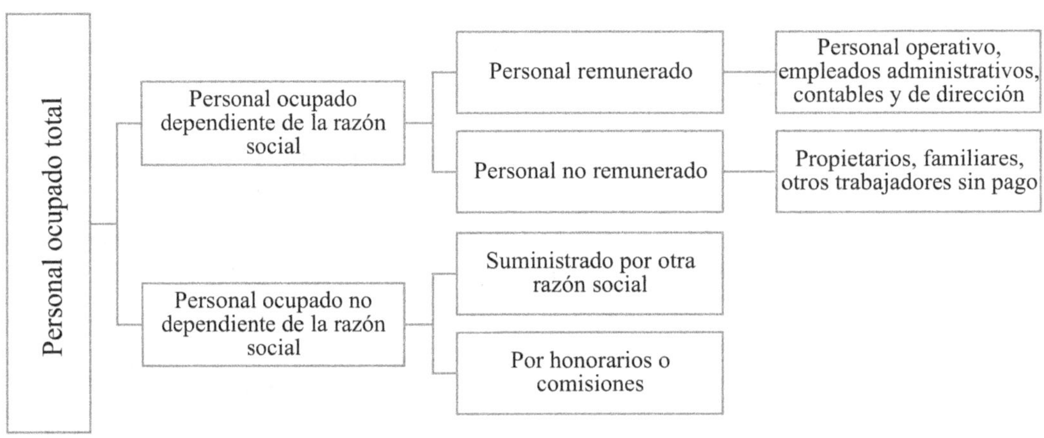

Fuente: Tomado de INEGI (2017)

Con las definiciones anteriores, se puede mencionar que los principales objetivos de la tercerización son:

- Optimización de los procesos productivos.
- Minimización de costos
- Eliminación de riesgos derivados de la falta de tecnología y capacitación

De este modo, diversos autores e instituciones coinciden al señalar la interacción entre empresas y el suministro de actividades complementarias como alternativa para mantener la posición competitiva en los diferentes mercados y sin sacrificar sus estándares de calidad; sin embargo, difieren al incluir o no servicios como jardinería y limpieza que no tienen relación directa con el producto final de la empresa. La elección de subcontratar y de que un proveedor sea el encargado de actividades paralelas, da la oportunidad a empresas contratantes de centrarse en actividades como desarrollo de personal y realizar planes de capacitación (que pueden o no hacerse a través del *outsourcing*).

No obstante, a pesar de las coincidencias y discrepancias que pueden existir entre las definiciones, debe aclararse que el *outsourcing* se diferencia de la contratación convencional al orientarse principalmente en los resultados y en qué quiere, delegando al proveedor la decisión acerca del método para alcanzar los objetivos, conllevando en el proceso ciertos riesgos.

Antecedentes del *outsourcing*

Se habla del trabajo de manera natural y rutinaria que muchas veces se olvida todas las implicaciones económico-sociales que conlleva, no por nada varios estudiosos han hecho observaciones acerca del tema, siendo uno de los iniciales el francés Adam Smith (1723-1790), reconocido como padre de la economía que ya en el siglo XVIII hablaba de las relaciones laborales y la división del trabajo, identificando esta variable como parte importante del progreso mundial y, a la vez, como expresión vital del hombre. Cuando se refiere a la división del trabajo, menciona que ésta se deriva de la búsqueda del incremento en las destrezas y habilidades del trabajador, el ahorro del tiempo y la implementación de tecnología. Sin embargo, existen autores como Émile Durkheim (1858-1917) que se contraponen a lo dicho por Smith sosteniendo que la división del trabajo no debe tener como la finalidad prioritaria la de abastecer a las sociedades de "lujos" sino de facilitar la solidaridad social (Köhler y Artiles, 2007).

Después de la Segunda Guerra Mundial, las organizaciones optaron por realizar ellas mismas el mayor número de actividades productivas sin relación con proveedores, hecho que no funcionó por el desarrollo de la tecnología. Ya en los años setenta, son las áreas de información tecnológica las primeras en contar con este tipo de esquemas; las empresas pioneras en implementar el *outsourcing* fueron EDS, Arthur Andersen y Price Waterhouse.

Más recientemente, en los años ochenta ocurrieron diversos sucesos políticos y económicos que obligaron a las empresas a tomar nuevas medidas de producción, entre estos eventos la imposición del modelo neoliberal de forma principal entre los países de tercer mundo que implicó privatizaciones y reformas en diferentes sectores; consecuencia de tales acontecimientos, las empresas sufrieron una reestructuración y se obligaron a adaptarse al cambio, una de sus respuestas a estos cambios fue la tercerización o *outsourcing*. En México, durante el siglo pasado, los empresarios comenzaron a percibir la necesidad de contratar servicios externos a fin de minimizar las amenazas laborales y para los años noventa el *outsourcing* comienza a proliferar.

Zapata *et al.* (2006) concentran los cambios vividos en las empresas del siglo XXI en el diamante de paradigma financiero (figura 2) donde explica que la reingeniería alude a un cambio en las prácticas de proceso y administración dentro de las corporaciones enfocadas en re-enfocar las relaciones de poder dentro de una empresa. Como parte de la reestructuración de las compañías y del liberalismo económico, el *outsourcing* permitió la descentralización de los procesos productivos, de tal modo que los proveedores adopten las mismas técnicas de producción que sus clientes y, con ello, la flexibilización de las relaciones laborales. Con la implementación del *outsourcing*, la empresa debe responder a la pregunta ¿fabricar o comprar? Por otro lado, los cambios en las compañías permitieron visualizar el entorno y tomar como referencia las actividades de otras organizaciones más fuertes para evaluar y adaptar los métodos y estrategias, a esto se le denominó *benchmaking*.

Figura 2
Diamante de paradigma financiero

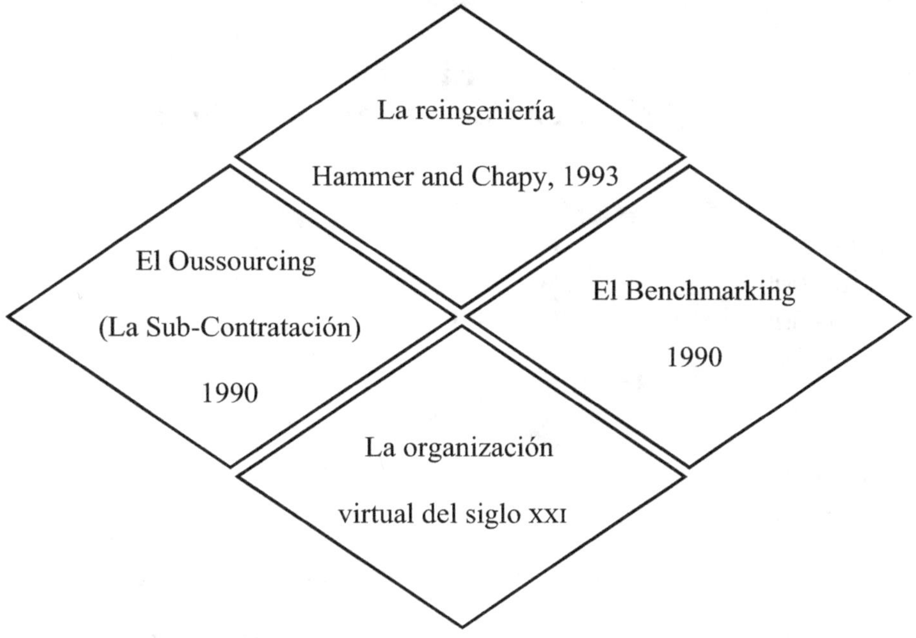

Fuente: Zapata, *et al.* (2006)

Aplicación en México

La OIT apunta que cuatro de cada diez mexicanos con empleo formal se encuentra bajo este esquema, por su parte el INEGI menciona que en México una quinta parte de los trabajadores se encuentran subcontratados, ocupando el quinto lugar en América Latina en externalización.

Situación laboral

A través de la Encuesta Nacional sobre Productividad y Competitividad de las Micro, Pequeñas y Medianas Empresas (ENAPROCE), el INEGI reportó que en 2014 el número de empresas clasificadas como Micro, cuyo rango de mano de obra varía entre una y 10 personas, se encuentra muy por encima de las pequeñas y medianas empresas a nivel nacional concentra casi el 98% (figura 3).

Figura 3
Número de empresas (2014)

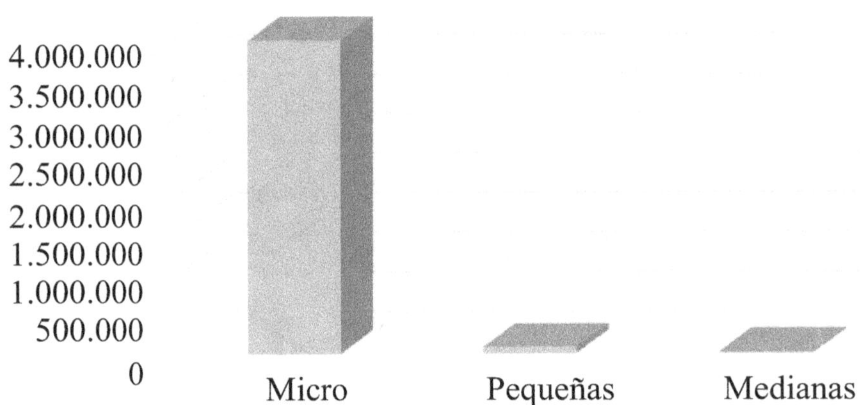

Fuente: Elaboración propia con datos de ENAPROCE, 2014.

De la Vega (2012) sostiene que las PYMES representan el 99.2% del total de las empresas y contribuyen con el 77.2% del empleo. Al ser las Microempresas las de mayor predominio en el territorio mexicano, también son las que ocupan una gran cantidad de mano de obra, de su personal contratado el 81% son mujeres mientras que los hombres son casi 10 puntos porcentuales menos; sin embargo, en las Pequeñas y Medianas empresas, el porcentaje laboral de los hombres es mayor (figura 4).

Figura 4
Personal ocupado por sexo (%)

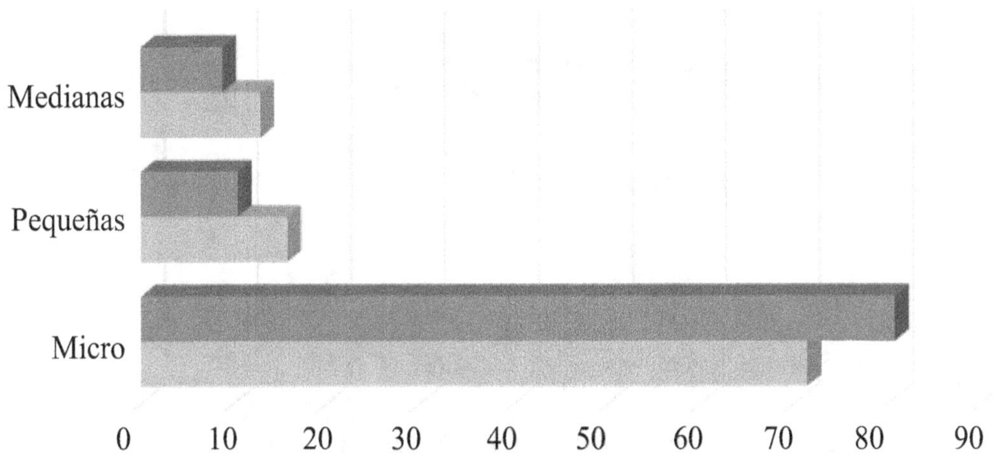

Fuente: Elaboración propia con datos de ENAPROCE, 2014.

La demanda de los servicios de tercerización en México ha aumentado, como se observa en la figura 5, el personal ocupado no dependiente de la razón social ha incrementado de forma considerable, la tendencia creciente de la subcontratación se ha dado principalmente por las implicaciones económicas de la empresa y la situación general del país. Cabe en este punto hacer la observación que los datos de la gráfica corresponden a los datos presentados en la ENAPROCE en 2009; sin embargo, los datos expuestos por la AMECH indican que entre octubre y noviembre de 2016 la tercerización disminuyó 1.47%.

Figura 5
Personal ocupado
no dependiente de la razón social

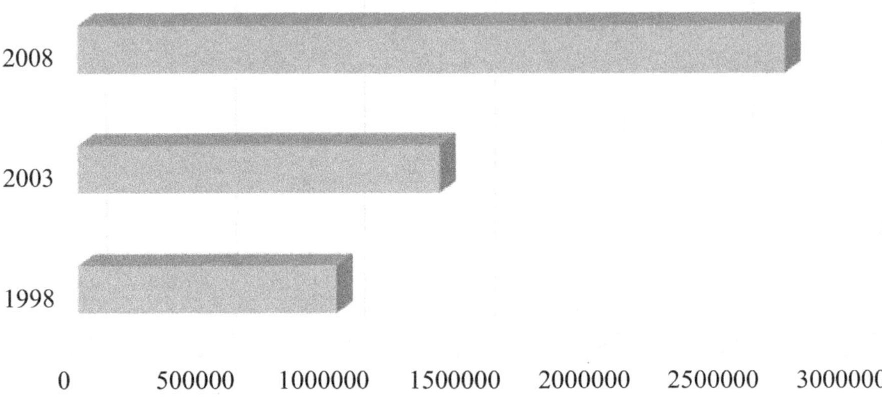

Fuente: elaboración propia con datos de ENAPROCE, 2014.

Guzmán (2008) refiere que las áreas donde el *outsourcing* se emplea principalmente son servicios (40%), comercio (20%) y la industria manufacturera (17%). Indica también que su empleo se ve de forma principal en el desarrollo logístico e informático, así como en la contratación y administración de personal (véase figura 6).

**Figura 6
Principales actividades
para las que se contrata el *outsourcing***

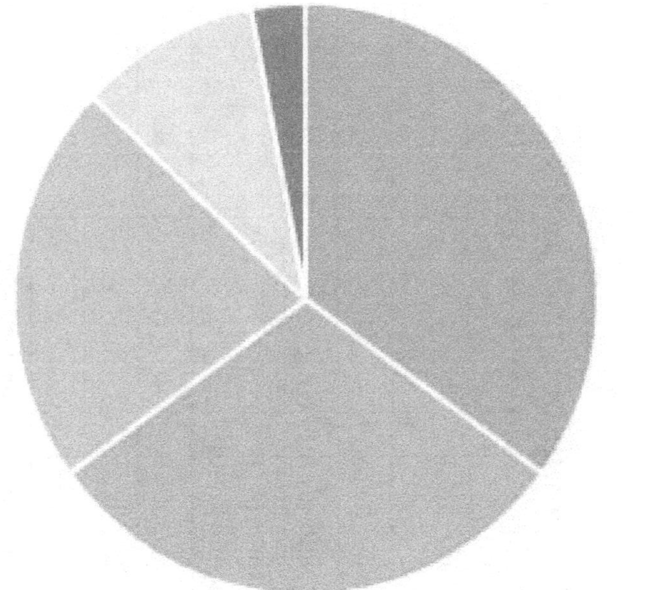

Fuente: Elaboración propia con datos de Guzmán (2008).

Acorde con los datos presentados por la ENAPROCE, las mujeres han tenido una participación menor con respecto al personal ocupado no dependiente de la razón social por sector principalmente en el estado de Campeche, siendo el sector de electricidad, agua y gas donde tiene mayor desenvolvimiento. Por su parte, la intervención de los hombres destaca en especial en el sector de pesca y acuicultura (Tabla 1).

Tabla 1
Personal ocupado no dependiente
de la razón social por sector, según sexo (2008)

	Hombres	*Mujeres*
Resto de sectores	87.3	12.7
Electricidad, agua y gas	79.9	20.1
Transportes, correos y almacenamiento	81.4	18.6
Contrucción	89	11
Minería	93	7
Pesca y acuicultura	96.4	3.6

Fuente: Elaboración propia con datos de ENAPROCE, 2014.

Es el estado de Quintana Roo la entidad que destaca en cuanto a proporción de mano de obra terciarizada en México, seguido por la Ciudad de México y Nuevo León. La figura 7 muestra un claro crecimiento del personal subocupado en el año 2008 principalmente en la minería, la pesca y acuicultura, manufacturas y comercio en comparación con años anteriores. La tasa de crecimiento total entre 2003 y 2008 fue de 95.2% según datos del INEGI mostrando la importancia y constante incremento del *outsourcing* en el país.

Figura 7
Participación del personal ocupado no dependiente de la razón social respecto del personal ocupado total según sector de actividad (%)

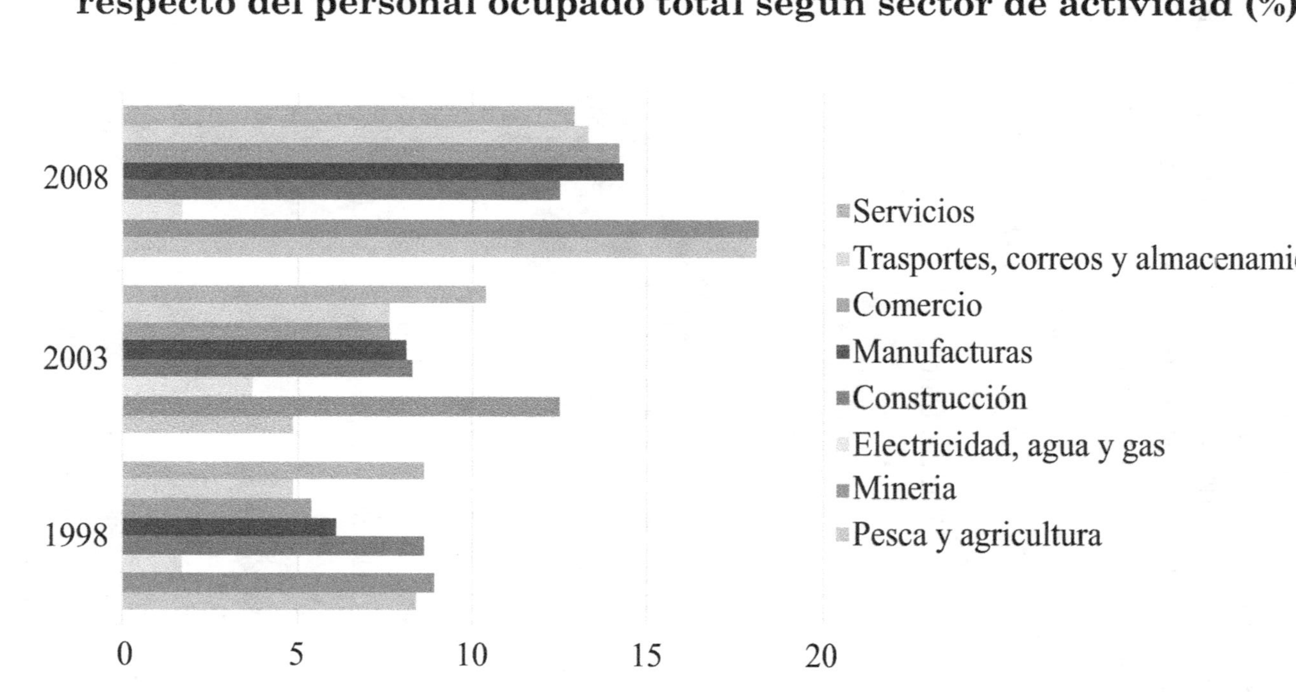

Fuente: Elaboración propia con datos de ENAPROCE, 2014.

Con respecto al tipo de contrato que tiene el personal que labora bajo el esquema de subcontratación, del total sólo 27.2% tiene un contrato de carácter fijo que le da seguridad respecto a su empleo mientras que 14.5% carece de contrato que respalde sus derechos y obligaciones (figura 8).

Figura 8
Tipo de contrato (%)

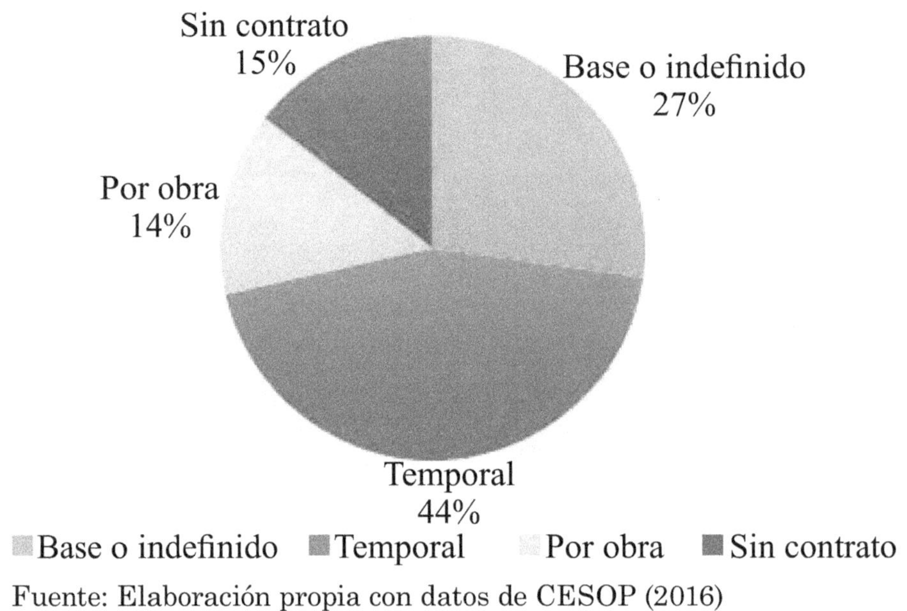

Fuente: Elaboración propia con datos de CESOP (2016)

Empresas en México

Existe un sinnúmero de empresas dedicadas al *outsourcing* en México, aunque no hay cifras concluyentes se manejan cantidades de entre dos y cuatro millones de personas. Según la AMECH, en México existen entre 900 y 1000 empresas enfocadas en *outsourcing*; sin embargo, del total sólo 21 empresas garantizan legalidad y seguridad social.

- Manpower Group.
- Adecco.
- Kelly.
- Rolling Personnel S. de R. L. de C. V.
- Randstad.
- Util soluciones.
- PAE Proyección y Administración empresarial.
- GenT personal *outsourcing*.
- AD sourcing.
- Human Staff.
- Technicon.
- EvoluciONE.
- Esprezza.
- MDC empleos.
- Bacher Zoppi.
- Lavore.
- Mejora Continua de México.
- Grupo CIEN.
- Keep on Moving.
- IPS.
- Aliato.

Sin embargo, existen también empresas "no serias" que han mermado la credibilidad en este tipo de prácticas, con efectos negativos tanto para las empresas como para los empleados.

Seguridad social

Curiel (2013) menciona que pese a que existen leyes en esta materia, la definición de *outsourcing* es aún vaga e inconclusa pero reconocida como legal en la Reforma a la *Ley Federal del Trabajo*.

Si bien el *outsourcing* es un tema abundante y controversial en cuanto a legalidad, en esta sección se hará mención como referencia a la reforma en la *Ley del Seguro Social* [Diario Oficial de la Federación del 9 de julio de 2009) en la que se modificaron y adicionaron artículos en materia de *outsourcing*; entre todos, destaca el artículo 15-A que permite la captación de cuotas obrero – patronales:

Artículo 15-A ... Sin perjuicio de lo dispuesto en los párrafos anteriores, cuando un patrón o sujeto obligado, cualquiera que sea su personalidad jurídica o su naturaleza económica, en virtud de un contrato, cualquiera que sea su forma o denominación, como parte de las obligaciones contraídas, ponga a disposición trabajadores u otros sujetos de aseguramiento para que ejecuten los servicios o trabajos acordados bajo la dirección del beneficiario de los mismos, en las instalaciones que éste determine, el beneficiario de los trabajos o servicios asumirá las obligaciones establecidas en esta Ley en relación con dichos trabajadores, en el supuesto de que el patrón omita su cumplimiento, siempre y cuando el Instituto hubiese notificado previamente al patrón el requerimiento correspondiente y éste no lo hubiera atendido...

No obstante de que con la reforma hecha los trabajadores contratados bajo el esquema de subcontratación tienen derecho a ser incorporados al IMSS y tener ciertas prestaciones, sólo una de cada nueve empresas de tercerización se encuentran registradas ante el IMSS y únicamente cuatro de cada diez empresas pagan sus cuotas correspondientes.

Los datos presentados por el CESOP indican que del total de la fuerza de trabajo que participa en la modalidad de *outsourcing* 46% no cotiza en el IMSS dificultando su acceso a servicios básicos de salud (figura 9).

Figura 9
Acceso a la seguridad social

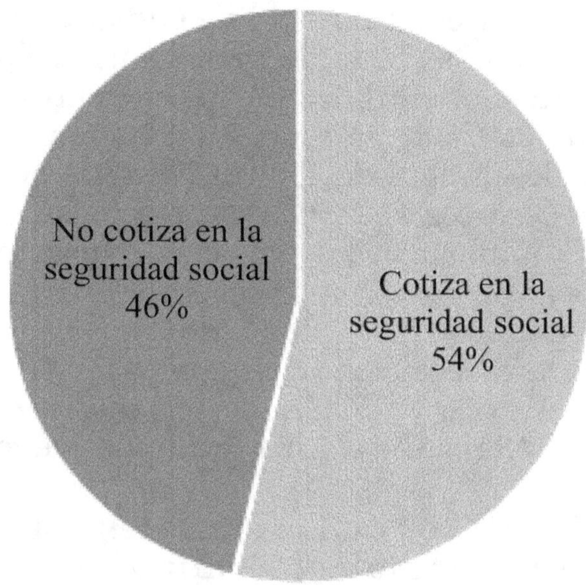

Fuente: Elaboración propia con datos de CESOP (2016)

Panorama mundial

En diciembre de 2011 se calculó que la tercerización representaba un negocio de casi US$1200 millones tan solo en Chile dividido como se presenta a continuación:

- *Outsourcing* no especializado: US$681 millones.
- Servicios transitorios: US$395 millones.
- Búsqueda y selección del personal: US$ 121 millones.

Según datos de la confederación Mundial del Empleo (WEC), de los 60.9 millones de personas que entraron al mercado laboral en 2013, 1.9 millones lo hicieron a través del Proceso de Reclutamiento de *Outsourcing* (RPO).

Por otro lado, la firma de investigación Tholons publica de manera anual el ranking de los primeros 100 destinos en cuanto a *outsourcing* se refiere, en 2016 al igual que en 2015 la ciudad de Bangalore en India sigue siendo el principal proveedor de estos servicios, de tal forma que tanto India, China y Filipinas son los países que lideran en términos de *outsourcing*. En la tabla 2 se observan casos interesantes como el vivido en la Ciudad de Sao Paulo en Brasil que disminuyó tres posiciones en comparación con el 2015. La Ciudad de México y Monterrey irrumpieron, en 2016, en los lugares 42 y 43 respectivamente disminuyendo dos posiciones.

Tabla 2. Top 100 de las ciudades más importantes a nivel mundial en términos de *outsourcing* (2015-2016)

	2015		2016	
#	*País*	*Ciudad*	*País*	*Ciudad*
1	India	Bangalore	India	Bangalore
2	Filipinas	Manila	Filipinas	Manila
3	India	Mumbai	India	Mumbai
4	India	Delhi	India	Delhi
5	India	Chennai	India	Chennai
6	India	Hyderabad	India	Hyderabad
7	India	Punew	Filipinas	Ciudad Cebú
8	Filipinas	Ciudad Cebú	India	Punew
9	Polonia	Cracovia	Polonia	Cracovia
10	China	Shangai	Irlanda	Dublin

11	Costa Rica	San José	Costa Rica	San José
12	Irlanda	Dublin	China	Shangai
13	China	Beijing	China	Beijing
14	China	Dalian	República Checa	Praga
15	República Checa	Praga	China	Dalian
316	Sri Lanka	Colombo	Sri Lanka	Colombo
17	China	Shenzhen	Malasia	Kuala Lumpur
18	Vietnam	Ho Chi Minh	Vietnam	Ho Chi Minh
19	Malasia	Kuala Lumpur	Vietnam	Hanoi
20	Vietnam	Hanoi	Sudáfrica	Johannesburgo
21	Sudáfrica	Johannesburgo	China	Shenzhen
22	India	Chandigarh	India	Chandigarh
23	India	Kolkata	India	Kolkata
24	Brasil	Sao Paulo	Hungría	Budapest
25	Hungría	Budapest	Polonia	Warsaw
26	Brasil	Curitiba	Brasil	Curitiba
27	Singapure	Singapure	Brasil	Sao Paulo
28	Chile	Santiago	Singapure	Singapure
29	República Checa	Brno	Chile	Santiago
30	Polonia	Warsaw	India	Coimbatore
31	India	Coimbatore	República Checa	Brno
32	China	Chengdu	China	Chengdu
33	Argentina	Buenos Aires	Argentina	Buenos Aires
34	Rusia	San Petesburgo	Uruguay	Montevideo
35	Uruguay	Montevideo	Canadá	Toronto
36	Canadá	Toronto	India	Jaipur
37	India	Jaipur	Rusia	San Petesburgo
38	China	Guangzhou	Reino Unido	Belfast
39	Rumania	Bucharest	China	Guangzhou
40	México	Ciudad de México	Ghana	Accra

Continua...

...continuación

41	México	Monterrey	Rumania	Bucharest
42	Ghana	Accra	México	Ciudad de México
43	Reino Unido	Belfast	México	Monterrey
44	Brasil	Río de Janeiro	Colombia	Medellin
45	Colombia	Medellin	Brasil	Río de Janeiro
46	México	Guadalajara	China	Tianjin
47	China	Tianjin	México	Guadalajara
48	Colombia	Bogotá	Colombia	Bogotá
49	Eslovaquia	Bratislava	Eslovaquia	Bratislava
50	Brasil	Brasilia	Brasil	Brasilia
51	Bulgaria	Sofia	Estonia	Tallin
52	Estonia	Tallin	Bulgaria	Sofia
53	Eslovenia	Ljubljana	India	Bhubaneswar
54	India	Bhubaneswar	Eslovenia	Ljubljana
55	Indonesia	Jakarta	Indonesia	Jakarta
56	Rusia	Moscú	Sudáfrica	Cape Town
57	Sudáfrica	Cape Town	Perú	Lima
58	Perú	Lima	Polonia	Wroclaw
59	Rusia	Nizhniy Novgorod	Reino Unido	Glasgow City
60	Morocco	Casablanca	Rusia	Nizhniy Novgorod
61	China	Xi'an	Irlanda	Cork
62	Polonia	Wroclaw	Morocco	Casablanca
63	India	Ahmedabad	India	Ahmedabad
64	Reino Unido	Glasgow City	Rusia	Moscú
65	Irlanda	Cork	China	Xi'an
66	India	Thiruvananthapuram	Filipinas	Davao City
67	Malasia	Penang	India	Thiruvananthapuram
68	Estados Unidos	San Antonio, Texas	Estados Unidos	San Antonio, Texas
69	Filipinas	Davao City	Malasia	Penang
70	Puerto Rico	San Juan	Taiwan	Taipei
71	Argentina	Córdoba	Argentina	Córdoba

72	Canadá	Halifax	Canadá	Halifax
73	Taiwan	Taipei	Colombia	Bucaramanga
74	Turquía	Estanbul	Puerto Rico	San Juan
75	Colombia	Bucaramanga	Australia	Perth
76	Egipto	Cairo	Guatemala	Ciudad de Guatemala
77	Brasil	Recife	Brasil	Recife
78	Australia	Perth	Egipto	Cairo
79	Guatemala	Ciudad de Guatemala	Estados Unidos	San Luis, Missouri
80	Estados Unidos	San Luis, Missouri	Estados Unidos	Birmingham, Alabama
81	Estados Unidos	Birmingham, Alabama	Filipinas	Santa Rosa, Laguna
82	Filipinas	Santa Rosa, Laguna	Korea del Sur	Seul
83	Nicaragua	Managua	Nicaragua	Managua
84	Korea del Sur	Seul	Turquía	Estanbul
85	Thailandia	Bangkok	Filipinas	Bacolod
86	Filipinas	Bacolod	Thailandia	Bangkok
87	Reino Unido	Leeds (Yorkshire & Humber)	Reino Unido	Leeds (Yorkshire & Humber)
88	Brasil	Campinas	Brasil	Campinas
89	Chile	Valparaíso	Chile	Valparaíso
90	Mauritius	Port Louis	Filipinas	Iloilo
91	Filipinas	Iloilo	Paraguay	Asunción
92	Rusia	Novosibirsk	Colombia	Cali
93	Paraguay	Asunción	Filipinas	Dumaguete
94	Colombia	Cali	Filipinas	Baguio City
95	Filipinas	Baguio City	Serbia	Belgrade
96	Serbia	Belgrade	Emiratos Árabes Unidos	Dubai
97	Kenya	Nairobi	Filipinas	Metro Clark
98	Filipinas	Metro Clark	Kenya	Nairobi
99	Panamá	Panamá	Panamá	Panamá
100	Sudáfrica	Durban	Sudáfrica	Durban

Fuente: elaboración propia con datos de Tholons, 2017.

A nivel internacional, se espera que el crecimiento de la subcontratación continúe a tasas del 12 al 26 por ciento.

Ventajas y desventajas de su aplicación

Para el éxito y correcta aplicación de proyecto de *outsourcing* es necesario visualizar diferentes variables esenciales para obtener los resultados planeados (tabla 3)

**Tabla 3. Ventajas y desventajas
de la aplicación del *outsourcing***

Ventajas	*Desventajas*
Desarrollo económico	Pérdida de habilidades importantes para el desarrollo del trabajo
Se cuenta con empresas dedicadas a la capacitación que facilitan la adquisición de experiencia	No existe una cultura empresarial sólida
Concentración y especialización	
Pese a ser externos los servicios, se puede implantar un sistema de calidad con criterios que permitan la evaluación constante.	Descuido y pérdida del control de los sistemas de calidad requeridos por la empresa contratante.
Disminución de costos	Altos costos cuando la empresa contratante no resulte satisfactoria
Transferencia tecnológica	
Disminución de mermas	Pérdida de control de la producción
Utilización y optimización de los espacios físicos de la empresa.	Dificultad en procesos de innovación por parte del proveedor
Agilización en los cambios del entorno	
Redefinición de la organización	Puede descuidarse el contacto con nuevas tecnologías que permitan la disminución de costos.
Agiliza los tiempos de entrega	
Disposición de personal altamente capacitado	
Mejora los tiempos de respuesta	Falta de interés o conocimiento.

Fuente: elaboración propia con datos de Luna (2015) y Torres (2014)

Conclusiones

A medida que la competencia se incrementa, las ventajas competitivas que una empresa pueda obtener se han vuelto prioridad en las organizaciones, haciendo del *outsourcing* la herramienta de los nuevos tiempos; sin embargo, es innegable el creciente debate que le rodea, su importancia e implicaciones para el desarrollo económico de una nación.

En el caso particular de México si bien existen lagunas en su legislación, también es indiscutible la rapidez con la que está creciendo, las unidades productivas de diversos sectores se encuentran vinculando sus procedimientos y demandas con el sistema de *outsourcing*.

Pero más allá de la dinámica que puede debatirse del tema, el *outsourcing* es una herramienta con un crecimiento innegable, significa también un reto para los desarrolladores de recursos humanos y su implementación en los procesos de contratación y capacitación.

Estamos en presencia de cambios en el sistema laboral que implica esfuerzos y entendimiento de la subcontratación como parte del proceso de transfomación; el cambio de paradigmas se hace cada vez más presente, el simple hecho de delegar responsabilidades y compromisos son cambios de mentalidad originados como parte del liberalismo económico.

Referencias

Asociación Mexicana de Empresas de Capital Humano, AMECH. (2017). Disponible en de http://www.amech.com.mx

Centro de Estudios Sociales y de Opinión Pública. Reforma laboral, CESOP. (2016). *Un panorama a tres años de su promulgación.* Disponible en http://www3.diputados.gob.mx/ camara/001_diputados/006_centros_de_estudio/04_centro_ de_estudios_sociales_y_de_opinion_publica

Curiel, V. (Enero-Abril, 2013). La reforma a la Ley Federal del Trabajo en materia de subcontratación en México. *Alegatos* (83), 213-236.

Encuesta Nacional sobre Productividad y Competitividad de las Micro, Pequeñas y Medianas Empresas, ENAPROCE. (2017). Disponible en http://internet.contenidos.inegi.org.mx/ contenidos/productos//prod_serv/contenidos/espanol/bvinegi/ productos/nueva_estruc/promo/ENAPROCE_15.pdf

Fórneas, J. (2008). *Outsourcing. Saque el máximo partido de sus proveedores.* La Coruña, España: Gesbiblo, S. L.

Guzmán, E. (2008). *Panorama del Outsourcing en México.* (Tesis de Maestría, Universidad Nacional Autónoma de México, México). Disponible en http://www.ptolomeo.unam. mx:8080/xmlui/bitstream/handle/132.248.52.100/2389/ guzmancastellon.pdf?sequence=1

Instituto Mexicano del Seguro Social, IMSS. (2017). *Aplicaciones de Reformas a la LSS en Materia de Outsourcing.* Disponible en http://www.imss.gob.mx/patrones/ reformasLSSoutsourcing

Instituto Nacional de Estadística y Geografía, INEGI. (2009). *Personal ocupado que no depende de la razón social para la cual trabaja.* Disponible en http://www.inegi.org.mx/est/ contenidos/espanol/proyectos/censos/ce2009/pdf/Mono_PO_ no_depende_RS.pdf

Instituto Nacional de Estadística y Geografía, INEGI (2017). Disponible en http://www.inegi.org.mx/

Köhler, H.-D., y Artiles, A. (2007). *Manual de sociología del trabajo y de las relaciones laborales.* Madrid: Publicaciones Delta.

Luna, A. (2015). *Proceso Administrativo.* México: Grupo Editorial Patria.

Organización Internacional del Trabajo, OIT (2017). Disponible en http://www.ilo.org/global/lang--es/index.htm

Palma, L. (2010). *Diccionario de Teoría Económica* (Vol. 3). Madrid, España: Ecobook.

Sanginés, M. y Sousa, L. (2009). *El servicio de limpieza: ciencia y administración*. México: Limusa

Silva, J. (Enero – Junio, 2010). ¿Cómo se regula el outsourcing en México? *Cuestiones Constitucionales*, (22), 411-424.

Tholons. (2017). *Tholons Top 100*. Disponible en http://www.tholons.com/TholonsTop100/

Torres, Z. (2014). *Teoría general de la Administración*. México: Grupo Editorial Patria.

World Employment Confederation., WEC (2017). Disponible en http://www.wecglobal.org/index.php?id=200

Zapata, Á., Murillo, G., y Martínez, J. (2016). *Organización y Managment. Naturaleza, objeto, método, investigación y enseñanza*. Cali, Colombia: Programa Editorial Universidad del Valle.

Capítulo 9
La comunicación como un proceso fundamental en la contratación y capacitación

Alejandra Corichi García
Heidy Ceron Islas
Tirso Javier Hernández Gracia

Introducción

La comunicación al interior de cualquier organización es un proceso a través del cual se proporciona información a otro individuo, transmitir información es una tarea necesaria y de gran importancia, de la cual dependen diversos conocimientos o técnicas para el excelente funcionamiento de cualquier tipo de organización, pero sobre todo para el desarrollo y crecimiento de los empleados dentro de la misma.

El principal objetivo de la comunicación interna es mejorar la identidad de los trabajadores de la empresa, busca contribuir en el progreso de los resultados a través de información adecuada y suficiente; con la finalidad de obtener de la empresa lo mejor en cuanto a productos y servicios, fortaleciendo su integración.

Una apropiada comunicación interna en las organizaciones es una estrategia fundamental para el funcionamiento de la misma y principalmente para mejorar el rendimiento de los colaboradores y de esta manera crear un valor agregado para garantizar una ventaja competitiva. Ahora bien la comunicación es un factor fundamental en los procesos administrativos que se llevan al interior de las organizaciones porque va a facilitar el intercambio de información, el comportamiento de los integrantes para dar origen a una cultura y porque "busca apoyar la estrategia de la empresa proporcionando coherencia e integración entre los objetivos, planes y acciones de la dirección". Salo (citado en Moreno, Arbeláez y Calderón, 2015: 3).

La comunicación también ayuda a los miembros de la organización a alcanzar metas individuales y generales, iniciar y responder cambios de la empresa, coordinar sus actividades y conducirse de todas las maneras apropiadas posibles; a través del uso de los diferentes medios, tipos y fuentes de comunicación; que darán origen a una cultura organizacional

A lo largo del desarrollo de este capítulo se encontrarán definiciones de diferentes autores acerca de la comunicación interna, estrategias para el manejo de la comunicación interna, la gestión de la comunicación y procesos de capacitación en el manejo de comunicación interna como base de la productividad.

La comunicación interna en las PYMES

La comunicación interna: aproximación y definición

Las empresas deben de tener la capacidad de comunicarse con sus clientes, proveedores, competidores y el público en general; por otro lado debe de establecer una excelente comunicación con sus empleados con la finalidad de crear y de mejorar el ambiente de trabajo porque es posible comunicar los proyectos y objetivos de trabajo para integrarlos a ellos y que esos objetivos se conviertan en los propios; es posible crear una cultura y hacer que ésta evolucione; si se van a realizar cambios es de vital importancia informar a los empleados de lo que va a suceder, así como de sus consecuencias; los empleados se sienten valorados porque todas las opiniones, sugerencias o ideas son atendidas por los diversos canales de comunicación y si son necesarios otros canales se deberán de construir.

Una de las grandes clasificaciones de la comunicación organizacional es la comunicación interna, la cual Andrade (2005: 17) define como:

> El conjunto de actividades efectuadas por la organización para la creación y mantenimiento de buenas relaciones con y entre sus miembros, a través del uso de diferentes medios de comunicación que los mantengan informados, integrados y motivados para contribuir con su trabajo al logro de los objetivos organizacionales.

Las organizaciones necesitan para todo su personal desarrollar estrategias de comunicación interna, con la finalidad de mejorar la cordialidad, la empatía, la confianza y principalmente para identificar cuestiones mentales y emocionales que pueden percibir los compañeros de trabajo.

Según Pizzolante (2004: 69), la comunicación interna se presenta en escenarios en donde dos o más integrantes de la organización tienen un intercambio, de principios, ideas o sentimientos de la empresa con una visión global.

Al personal de toda organización se le deben de comunicar los planes, políticas y reglamentos para que tengan la posibilidad de hacer llegar opiniones, ideas o sugerencias; así como inconformidades a los niveles jerárquicos más altos; en otro sentido la dirección de las empresas deben establecer canales de comunicación eficaces para tener la certeza de que las personas que toman las decisiones están al tanto de lo que está sucediendo en toda la organización y también tengan la seguridad que quienes lleven a cabo las acciones están al corriente de lo que se debe de hacer y lo más importante sepan y estén convencidos porqué deben de hacerlo.

La comunicación en las PYMES: función integral

La transmisión de la información en cualquier tipo de organización es llevada a cabo por la presencia de un proceso de comunicación, éste debe ser idóneo para "planificar, gestionar y evaluar los flujos de información interpersonales y mediatizados que atañen tanto al público interno como al externo, en relación directa con los objetivos de la organización" (Álvarez & Lesta, 2011: 12).

La comunicación interna ejerce una función integral debido a que involucra diversas herramientas de comunicación que apoyan a toda organización al logro de sus objetivos de una forma efectiva y precisa, uniendo esfuerzos y recopilando estrategias que permitan mejores resultados, es decir "La comunicación integral parte de una base teórica clara en las empresas y es que todo lo que ellas hagan comunica algo a sus diferentes públicos" (Fernández, 2008).

La comunicación en las PYMES como función integral promueve buenas prácticas en comunicación, el entendimiento y el conocimiento compartido.

Flujos de la comunicación interna en las PYMES

El diseño de una organización debe de considerar la comunicación en cuatro direcciones: hacia abajo, hacia arriba, en sentido horizontal y en sentido diagonal; el uso de éstas permitirá disminuir los problemas que se generan por una mala comunicación y se describen a continuación (Lucas, 2013: 470-472):

I. Comunicación descendente o del gerente al subordinado: Es un tipo de comunicación autoritaria; se considera como la forma más común de transmitir información dentro de la organización por la facilidad que se genera porque el subordinado se encuentra atento a recibir información de los niveles superiores; las funciones de la comunicación descendente son: coordinar, informar, motivar y estimular a los miembros de la organización.

II. Comunicación ascendente o de subordinado al gerente: Este flujo de comunicación concierne a lo que el individuo dice sobre sí mismo, sobre otros y/o sobre la organización; su aplicación no es muy común debido a que los directivos no aprecian este flujo de comunicación como un factor fundamental para conocer el clima organizacional; su aplicación requiere de determinados canales de comunicación tales como buzones de sugerencias, reuniones, concursos, entre otros. Es importante mencionar que la presencia de comunicación ascendente en la empresa es un buen indicio de la excelente gestión del recurso humano de la misma, debido a que los directivos y mandos medios cuidan y procuran a sus empleados y los consideran personas capaces de contribuir un valor agregado a la empresa de manera de sugerencias, ideas, conocimientos y actitudes.

III. Comunicación horizontal o entre compañeros: Se origina entre los colaboradores de un mismo nivel jerárquico y tiene tres funciones básicas: proveer apoyo emocional entre los compañeros; la coordinación entre compañeros en el proceso laboral con la finalidad de que realicen un trabajo más eficiente y por último transmitir un punto de control en la organización; no olvidar que mientras más autoritaria es la estructura, más cerrado o restringido es el flujo horizontal.

IV. Comunicación en diagonal: este es un canal de comunicación que menos se usa en las organizaciones, es importante en situaciones en que los miembros no consiguen comunicarse a través de otros canales.

Estrategias de comunicación en el proceso de contratación del personal

Milkovich y Boudreau (citados por Giacomelli, 2009), el primer paso en el proceso de contratación de personal es el reclutamiento, éste no solo es importante en la organización; es un proceso de comunicación de dos canales; los aspirantes o candidatos requieren obtener información de cómo sería trabajar en la organización y las organizaciones desean obtener información del tipo de empleado que es el candidato contratado.

Siendo éste un proceso bilateral es porque los candidatos deciden libremente qué puestos de trabajo van a ocupar y cuáles no le interesan; las distinciones que se realicen por determinadas áreas o puestos de trabajo se pueden llegar a convenir por la información que se dé a conocer de cada vacante y la cual genera la propia empresa.

Por otro lado, son importantes los medios que utilizan las personas para buscar empleos, siendo uno de los principales recursos el uso del internet y lo esencial es analizar la calidad de los CV recibidos y no la cantidad.

Según Ricote (citado por Giacomelli, 2009: 56),

Contar con herramientas de tecnología y comunicación deben permitir administrar adecuadamente el capital humano, esto es fundamental para cualquier empresa, no solo trae beneficios económicos y administrativos, también de desarrollo.

Durante el proceso de reclutamiento es posible llegar a determinar sistemas de información y comunicación de gran importancia para la organización; porque ésta podrá obtener de cada individuo sus conocimientos, habilidades y capacidades.

En la actualidad las organizaciones son exitosas porque llevan a cabo una minuciosa elección del personal, buscando siempre la mejora en los procesos y tareas de la empresa, así como de su funcionamiento.

Como comenta Alles (citado en Giacomelli, 2009: 57):

> Desde que las empresas emplean el proceso de reclutamiento de personal para atraer candidatos potenciales, las empresas se veían en la necesidad de buscar entre bodegas llenas de papeles con los currículos de todos los empleados y de todos los candidatos que alguna vez aspiraron a trabajar en la empresa, entonces considero que la mayoría de las empresas o bien todas, deberían cambiar la forma en la cual reciben información de los candidatos, pues hoy en día es muy común que algunas empresas solo reciban sus currículos a través de correo electrónico o formularios instalados en sus propias páginas Web.

Estrategias de comunicación en el proceso de capacitación del personal

Una de las funciones básicas de la administración y del desarrollo del personal en las empresas es la capacitación y este proceso debe interactuar en todas las áreas de la organización con la finalidad de optimizar el desempeño de los colaboradores y la eficiencia de la organización.

Para que el proceso de la capacitación sea aprovechado de la mejor manera por parte de los trabajadores es necesario el uso de herramientas básicas de comunicación, entre las cuales destacan, el uso de manuales administrativos.

La finalidad de elaborar los manuales administrativos es definitivamente mejorar los procesos que se desarrollan en la organización.

Chiavenato (2001: 22) afirma que:

Los manuales administrativos son documentos escritos que concentran en forma sistemática una serie de elementos administrativos con el fin de informar y orientar la conducta de los integrantes de la empresa, unificando los criterios de desempeño y cursos de acción que deberán seguirse para cumplir con los objetivos trazados.

Es necesario que los manuales administrativos contengan normas, reglas y políticas que se establecen a lo largo del tiempo; la relación que éstos deben de tener con las actividades y procesos a desarrollar es la manera en que la organización se encuentra organizada.

Los manuales administrativos son considerados una guía; son utilizados como herramientas para la organización y la comunicación; su contenido consiste en información que puede establecer objetivos, políticas, normas y procedimientos de la empresa.

Rodríguez (2002), hace mención que:

Los manuales administrativos son considerados uno de los elementos más eficaces para la toma de decisiones en la administración, ya que facilitan el aprendizaje y proporcionan orientación precisa que requiere la acción humana en cada una de las unidades administrativas que conforman a la empresa, fundamentalmente a nivel operativo o de ejecución, pues son una fuente de información que trata de orientar los esfuerzos de los integrantes para lograr la adecuada realización de las actividades que se le han encomendado.

La gestión de la comunicación interna

La gestión de la comunicación implica llevar a cabo una serie de observaciones a las necesidades previstas; los objetivos deben de definirse en un plan global y en un conjunto de actividades afines; es necesario organizar todos los flujos de la comunicación para vincular los objetivos de la organización y la planificación, Bartoli y Villafañe (citados por Sánchez, Ramírez, Canales y Domínguez, 2015: 23).

En los primeros acercamientos al concepto se puso de manifiesto la importancia del capital humano en la comunicación interna. Los trabajadores y demás públicos internos serán quienes sustenten la comunicación en las empresas. Personas con diferentes inquietudes, personalidades, motivaciones y formación que en el contexto laboral se ven obligadas a comunicarse y a entenderse a fin de cumplir los objetivos organizacionales. La comunicación entre estas personas es, por tanto, condición para la buena marcha de la organización, convirtiendo así la gestión de la comunicación en un pilar esencial de cualquier estrategia empresarial. Sin embargo, parece que las empresas siguen otorgándole un papel poco relevante a la gestión de la comunicación interna (Piñuel, 1997; Villafañe, 1999; Hernández, 1991, citados por Marín y García, 2013: 99).

De forma continua las organizaciones han prestado escasa atención a la comunicación interna por mentalidad de que no depende de la empresa sino de la persona, esto se viene a refutar con algunos estudios que demuestran un avance en el interés de las actividades comunicativas a nivel interno entre empleados y organización (Castillo, 2010: 121).

El papel de la comunicación interna en la gestión de los negocios no ha parado de crecer, tal y como menciona Álvarez (2007: 1-7) que, "las compañías líderes asumen que la auténtica comunicación engloba el conjunto de las actividades de una organización encaminadas hacia la obtención del éxito empresarial, traducido éste en beneficios económicos y desarrollo comunitario", de igual forma hoy se entienden que los procesos de comunicación facilitan las relaciones entre la alta gerencia y los empleados, vinculando sus intereses, expectativas y necesidades, de modo que faciliten el desarrollo del talento humano y la optimización de la producción, lo cual requiere que se realice una verdadera gestión hacia la comunicación, siendo la clave un sistema y un programa de capacitación en procesos estratégicos de comunicación efectiva.

Gestionar la comunicación interna es un proceso que incluye realizar un plan de comunicación interna, lo cual implica realizar una investigación previa, mediante la cual se puedan conocer a profundidad cuáles son las debilidades y fortalezas de la organización, las principales fallas, la influencia, el liderazgo, la imagen interna, de igual manera identificar a qué públicos hay que dirigirse con más énfasis y cuáles son las herramientas y canales de comunicación que se debe utilizar con cada uno ya que no todos los públicos recibirán el mensaje de la misma manera. Saló 2008 (citado por Villacis, 2016: 45-48), menciona que resultado de lo antes mencionado es que es importante tomar en cuenta que "las organizaciones deben cambiar, entender, posicionar y dar valor a la contribución de la comunicación interna como un servicio dirigido a toda la organización y como un instrumento de gestión necesario para apoyar los cambios y transformaciones de la empresa".

La capacitación en procesos de comunicación interna

Los directivos visionarios tienen plena conciencia de que detrás de lo que antes era nombrado como "mano de obra" y hoy se denomina "talento humano", que se traduce en personas que aportan a la organización, no solo por los productos de su trabajo, también por la forma en que desarrolla su labor, por el cúmulo de experiencias que trae consigo, por sus modelos de pensamiento y sus relaciones interpersonales, porque genera problemas y/o los resuelve, porque es capaz de potencializar la operación de la empresa y/o anularla en la interacción con su equipo de trabajo, todos estos aportes que puede realizar son difíciles de aprehender, socializar e incorporar a la gestión y por tanto (si no se toman las medidas correspondientes) a la organización. Con miras a sacar el mejor provecho del potencial del capital humano, se invierten anualmente recursos en capacitación y con frecuencia encuentran dificultades para identificar si esa inversión ha tenido retorno en los resultados institucionales.

De acuerdo con Aguinis y Kraiger (2009: 7), la capacitación en las organizaciones, no solo produce grandes beneficios para los colaboradores en la organización y en la productividad de los mismos, sino también en las áreas y departamentos de las organizaciones, los equipos de trabajo y la sociedad. Conforme a lo anterior se sustenta la urgencia de poner empeño en procesos de capacitación acerca de temas de comunicación interna al demostrar que es un área estratégica de intervención para cumplir metas y objetivos de la organización.

Asimismo, la capacitación no solo afecta el conocimiento declarativo (es el conocimiento sobre lo que es algo, el cual se traduce en el saber decir, es decir, en la interpretación) y puede mejorar el conocimiento estratégico (el saber cuándo aplicar un conocimiento específico, o una habilidad específica).

La comunicación interna y la capacitación base de productividad de las PYMES

Las instituciones, las cámaras empresariales y uniones de trabajadores, reconocen y subrayan la importancia de la capacitación en la estrategia de mejoramiento de la productividad en las empresas.

A pesar del reconocimiento de la importancia de la capacitación, esto no ha sido correspondido de igual manera con acciones concretas en las empresas. Una de las razones de este rezago es la distancia entre las acciones de capacitación y la mejora de productividad. Entre las causas de la deficiente articulación entre capacitación y productividad figura el rezago de las metodologías de detección de necesidades de formación, que no siempre han sabido acoplarse a la dinámica del cambio productivo. Un elemento importante en este rezago es la ausencia de un sistema integral de medición de la productividad. Es decir, un sistema capaz de relacionar el desempeño individual y colectivo con parámetros estratégicos y a la vez dinámicos de proceso; un sistema que integra tanto indicadores económicos y financieros como los de proceso y de gestión del recurso humano, a partir de una visión holística derivada de los objetivos generales de la organización.

Con respecto a la gestión del conocimiento organizacional un componente fundamental se tiene en el diseño y ejecución de los programas de capacitación que permitan un aprendizaje individual y colectivo del capital humano y uno de los mecanismos o estrategias propios de esta gestión que aporta al aprendizaje, es la implantación de la modalidad de creación de grupo o equipo de personas que actúa además como red y se denomina comunidad de práctica, la cual garantiza la interacción, el intercambio y la cooperación entre sus miembros (Molano y Rivera, 2015: 110-121), actividad que está vinculada con la parte de comunicación organizacional.

No todo sistema de medición es idóneo para ser un referente para evaluar la capacitación, exige ciertas condicionantes como los siguientes: compromiso y aceptación por el personal; reflejo de las capacidades individuales y colectivas del personal; incorporación de la complejidad de los objetivos a alcanzar; adaptabilidad a nuevas circunstancias y exigencias, además de hacer participar en la construcción y seguimiento de los indicadores. Derivado de lo anterior, un sistema que estimula en el personal la noción de aprender por medio de: la comunicación y el compromiso con los objetivos organizacionales, la reflexión crítica acerca de las acciones y rutinas emprendidas, la interacción y el apoyo mutuo en el desarrollo de las funciones asignadas, la aplicación y el seguimiento de las propuestas de mejora y, la construcción de consensos acerca de los desempeños esperados y las acciones de formación a desarrollar es considerado como un "sistema ideal" que debe ser entendido, comunicado, puesto en marcha y evaluado (Serna, Y. y Agualimpia, L. 2016: 209).

El proceso participativo de medición y seguimiento a los indicadores de productividad debe generar el ambiente en el que el personal se compromete socialmente para adquirir nuevas competencias, a la vez que el propio proceso de medición y evaluación de los resultados delimite el horizonte de la amplitud y la profundidad de las nuevas competencias requeridas, por lo que el sistema que sea propuesto debe medir y mejorar el desempeño del personal, cambiando los patrones de motivación existentes y relacionando los esfuerzos de manera directa con los objetivos de la organización, para mejorar la organización del trabajo y reducir el desperdicio de tiempos y esfuerzos y todo esto está directamente relacionado y afectado por una comunicación interna.

Conclusiones

Para que una organización sobreviva y perdure es ineludible que al interior de ésta se lleve a cabo una gestión empresarial con sumo cuidado, donde es vital destacar el papel que desempeña la comunicación interna en la organización, por ser considerada una herramienta estratégica y por el impacto que la misma tiene en el ámbito empresarial; resaltando que persigue diferentes objetivos que influyen en aspectos de la organización tales como en procesos administrativos, tecnológicos, culturales, de calidad entre otros; de igual manera tiene injerencia en el flujo de información que debe existir de manera natural con todos los directivos y colaboradores de la organización para la consecución de las metas que se persiguen en toda la organización.

La comunicación se concibe como una línea que cruza todas las áreas de la organización llegando a crear un valor estratégico para la directiva, al ser considerada herramienta clave para entendimiento y conocimiento de la información; por lo tanto la estrategia empresarial no será de ninguna manera efectiva si se lleva a cabo sin considerar los procesos de comunicación y de igual manera la comunicación no puede existir lejos de una estrategia y haciendo uso de los medios adecuados y de un plan de acción debidamente elaborado.

La comunicación la interior de las organizaciones se puede evaluar y mejorar, a partir de un diagnóstico resultado de los procesos de capacitación, éste debe involucrar el dotar de elementos clave al capital humano para formar sistemas de información y comunicación efectiva.

Hoy en día las empresas presentan una gran resistencia al uso de manuales administrativos; lo anterior afecta de manera permanente a la organización y a su contexto; es prácticamente imposible que una empresa logre sobrevivir sin herramientas administrativas; las cuales permiten diferentes beneficios a la empresa tales como disminuir errores en el desarrollo de las actividades; brindan apoyo en la capacitación personal y en el proceso de inducción, es muy importante tener presente que la aplicación de los manuales administrativos en cualquier tipo y tamaño de organización consiste en saber las características de su elaboración, así como la información necesaria que debe de considerar para sacar el mejor provecho posible.

La productividad es resultado de una amalgama entre una comunicación efectiva y capacitación constante, donde los empleados reciben estímulos y metodologías para el manejo de competencias requeridas en las organizaciones para saber qué, cuándo, dónde, cómo y a quién transmitir información o simplemente generar datos que servirán de base para tomar decisiones estratégicas.

Las ventajas competitivas de las empresas se logran cuando hay una sumatoria de elementos esenciales en los procesos de comunicación y cuando la información fluye y llega a donde es clave para decisiones empresariales.

Referencias

Aguinis, H., y Kraiger, K. (2009). Benefits of Training and Development for Individuals and Teams, Organizations, and Society. Annual Reviews. 7-11. doi:10.1146/annurev. psych.60.110707.163505.

Álvarez, A. y Lesta, L. (2011). Medición de los aportes de la gestión estratégica de comunicación interna a los objetivos de la organización. Palabra Clave, 17(2). 11-30. Disponible en file:///C:/Users/camila/Downloads/Organizacional%20 art%C3%ADculo.pdf

Álvarez, J. (2007). Comunicación Interna, la Estrategia del Éxito. Razón y Palabra, 56(12), 1-7.

Andrade, H. (2005). *Comunicación organizacional interna: procesos, disciplina y técnica*. Madrid, España: Gesbiblo S.L.

Castillo, A. (2010). Introducción a las Relaciones Públicas, IIRP, España.

Chiavenato, I. (2001). Administración, teoría, proceso y práctica. México, Mc Graw Hill.

Fernández, M. L. (2008). Comunicación integral e industria publicitaria. *Razón y Palabra*, (62). Disponible en http://www. razonypalabra.org.mx/n63/index63.html.

Giacomelli, R. (2009). Las tecnologías de información y su aplicabilidad en el proceso de reclutamiento y selección. *International Journal of Good Conscience*. 4(2). 53-96.

Lucas, M., (2013). *Sociología de las organizaciones. Influencia de las tecnologías de la información y la comunicación*. Madrid: Fragua.

Marín, P. y García M., (2013). El estudio de la comunicación interna en el contexto del grado de publicidad y RR PP de la universidad de Cádiz. *Historia y Comunicación social*. 18, 97-118 ISSN: 1137-0734 http://dx.doi.org/10.5209/rev_HICS.2013. v18.43951

Molano, J. y Mendoza, R. (2015). Las comunidades de práctica como una estrategia de capacitación en la gestión del conocimiento organizacional (The Community of Practice as Training Strategy in the Organizational Knowledge Management) Disponible en http://dx.doi.org/10.2139/ssrn.2626203

Moreno, A., Arbeláez, S. y Calderón, L. (2015). Implementación de herramientas de comunicación interna como generadoras de cambios en las pymes. *Razón y Palabra,* 18(88), 1-28.

Pizzolante, I. (2004). *El poder de la comunicación estratégica.* Bogotá, Colombia: Editorial Pontificia Universidad Javeriana.

Rodríguez, J. (2000). *Administración moderna de personal.* Ecafsa.

Serna-Mosquera, Y. B., & Agualimpia-Ortiz, L. J. (2016). Caracterización de la productividad de las ebanisterías de Quibdó, Chocó-Colombia. *Entramado, 12*(2), 206-219.

Sánchez, Y., Ramírez, R., Canales, H. y Domínguez, A. (2015). Estratega de comunicación para las revistas científicas del CENSA. *Ciencias de la información.* 46(2) 23-28.

Villacís Hurtado, M. A. (2016). *Campañas internas y globales Banco Internacional* (Bachelor's thesis, Quito: USFQ, 2016).

Capítulo 10
La capacitación y la ejecución de PYMES, para la comercialización: una historia de éxito

Magnolia López Soto
María Magdalena Rojas Rojas

Introducción

La capacitación y conducción de pequeños productores así como su compromiso y ejecución correcta fueron los cuatro pilares que lograron llevar la producción de jitomate "Cherry" del campo a los anaqueles del supermercado con un desempeño favorable.

Producir es una gran labor, es lograr convertir insumos en producto, pero este esfuerzo requiere que el producto sea comercializado, para ello se necesita una serie de consideraciones y actividades que pueden ayudar a que éste proceso sea exitoso. A continuación se describe un caso de éxito.

El primer acercamiento

La primera ocasión se presentaron dos productores con la firme convicción de vender su producto. Aproximadamente dos kg de jitomate Cherry aun colgando del racimo en una bolsa de plástico no nueva, por cierto. El producto lucía sin intención de convencer a nadie de sus cualidades, más bien no lucía en absoluto...

La venta efectiva inicia con comprender que se trata de influir en las decisiones del cliente. El proceso de ventas inicia cuando se interactúa con el cliente con algún tipo de comunicación. Cuando se tiene intención de hacer una venta a algún destino lo primero es hacer contacto y preparar el primer acercamiento (Kahle, 2011: 22). Como punto de partida es conseguir los teléfonos y correo electrónico de las personas que están a cargo de la compra del producto en cuestión, recurrir a los intermediarios puede ser inapropiado ya que la información brindada puede estar incompleta o modificada. Pedir una cita puede ser complicado pero no se debe claudicar, se puede pedir por internet, por correo, etc., pero si no obtiene respuesta hay que tomar el teléfono y llamar. Se recomienda siempre seguir un orden para hacer contacto, primero como se establece, después llamar a la autoridad inmediata a cargo y si no hay respuesta llamar a la autoridad superior siguiente, y así hasta conseguirlo. Pedir una cita puede ser retador pero bien vale la pena intentar.

En la cita de la primera vez, es indispensable que el productor y su producto expresen todo su potencial, especialmente porque están por enfrentarse a un juez que si bien con mucha o poca experiencia en el cultivo o producción de determinado producto, será quien tome la decisión de continuar o detener el proceso de venta. Se espera pues, que el productor y el producto se preparen para el primer acercamiento.

El productor, es recomendable que en el primer acercamiento se presenten un grupo no mayor de 3 personas, que hayan preparado su discurso, que tengan un plan de lo que quieren hacer y a dónde quieren llegar, y que hayan estudiado y resuelto sus diferencias a fin de no mostrar diferencias de opinión durante la entrevista. Siempre debe acudir alguien que tenga la facultad de tomar decisiones. De haber discrepancias entre los miembros que representan al productor (o agrupación de productores) se generará una imagen de desorganización que poco ayuda a formar parte de una red de proveedores que sustentan el éxito de cualquier cadena de suministro y su respectiva red de valor. Aunque si bien la apariencia física de los negociantes no es determinante del nacimiento de un negocio, la apariencia de cuidado personal transmite profesionalismo, pues es de esperarse que si una persona carece de cuidado personal difícilmente atenderá los pormenores administrativos que el producto requiere para ser exitoso. Dicen las teorías de la imagen personal que la forma de vestir incluyendo el comportamiento de la persona son el reflejo de la empresa que se representa. Al momento de llevar a cabo una venta, se debe ser congruente con lo que se quiere proyectar, la vestimenta y la actitud. ¿Cuántas veces ha sucedido que se rechaza un producto o servicio simplemente porque el área y personal de ventas presentan mala imagen? Se debe considerar que vestir bien no significa necesariamente portar marcas reconocidas, costosas ni tampoco vestuario para fiestas de noche, significa ser coherente con la ocasión, el lugar y las personas que participarán en la reunión (Navarro, 2017). Para tener éxito desde el punto de vista personal durante este primer acercamiento, es necesario hacer una investigación preliminar para saber un poco acerca de las prioridades de la persona o personas con las que se va a entrevistar, esta información puede no estar tan disponible, pero a través de una llamada telefónica breve se puede conocer las prioridades de la persona con la que se va a hablar: si son formales o si prefieren holgura, si son breves o extensos en sus discursos o si prefieren ahondar o ser superficiales, si comunican mejor con números o gráficos. Siempre, es deseable que el productor se ajuste a las necesidades del cliente y no el cliente al productor. Durante muchos años se consideró al consumidor como un ente abstracto, al cual se le podía manipular y mentir, pero hoy en día, el papel que desempeña el cliente o consumidor es primordial para que un producto o servicio tenga éxito en el mercado. El cliente o consumidor está consciente del gran poder que tiene al momento de adquirir un bien o servicio, por lo que debe ser de interés para el productor entenderlo y comprenderlo (Homs, 2011: XVI).

El producto, también debe ser cautivador, no sólo a la vista, de lo cual hablaremos más adelante, sino de la información que lo respalda y que determina si se está listo para hacer este primer acercamiento o debe haber una mayor preparación o mejoras en los procesos antes de arriesgarse a una negativa definitiva. La información que respalda al producto involucra conocer a la competencia. La competencia no es más que saber qué hay en cualquier parte, qué se está ofreciendo a los clientes finales (quienes lo van a consumir) que se parezca al producto que el productor va a ofrecer. Al referirnos a "que se parezca" nos referimos a todo, empezando "de lo igual" (si existe) a lo que se parece, incluyendo algo que los consumidores finales puedan utilizar en sustitución del producto en cuestión. Alcaraz (2011) señala que "todo producto o servicio de una empresa debe encaminarse a la satisfacción de una necesidad o a la solución de un problema de un segmento definido. (...) Si se cumple con esto, los productos y/o servicios de la empresa poseerán ciertas características particulares que los diferenciarán de otros similares, presentes en el mercado" (p. 64). En un asunto de mera honestidad se debe reconocer que aunque el producto que va a promover el productor tenga altos estándares durante su producción u otro atributo que sea difícil de apreciar a simple vista, se debe tener la disponibilidad para compararlo con otros. Esta comparación debe incluir atributos que se distinguen como tamaño, olor, sabor, color, grado de selección y precio, contra los productos existentes que no pertenecen al productor. Cuando los productos son empacados o aparentemente no se pueden comparar se debe hacer los cálculos necesarios (incluso mentales) y aproximaciones pertinentes que permitan medir el producto contra otros con los que va a competir. Los atributos no tangibles, como buenas prácticas de producción (BPM) o control biológico de plagas, (Secretaría de Agricultura, Ganadería, Desarrollo Rural, Pesca y Alimentación-Servicio Nacional de Sanidad, Inocuidad y Calidad Agroalimentaria [SAGARPA-SENASICA], 2002), procesos amigables con el medio ambiente (tecnologías verdes), (Secretaría de Energía [SENER], 2017), control de procesos de (*International Organization for Standardization*, [ISO], 2015), responsabilidad social (inclusión de mujeres, personas con capacidades diferentes, apoyo a organizaciones no lucrativas, entre otros), Secretaría del Trabajo y Previsión Social; [STPS], 2013), etc., son los que no se pueden apreciar a simple vista, éstos se deben destacar abiertamente durante la entrevista y se debe sustentar con documentos o certificados. Esta información, se debe tener a la mano como se guarda un "As" bajo la manga para sacarlo en las reunión como un adicional, pero no se recomienda incluirlo en la fría y austera comparación de precios porque de ser así, se corre el riesgo de que el productor rodeé su producto de una "nube de humo" que al final lo hará crear expectativas inexistentes del mercado.

La investigación de precios primeramente se debe hacer en la zona de venta al consumidor del tipo de mercado en el que se quiere incursionar, por ejemplo: si se selecciona una cadena de supermercado, es preciso visitar de manera previa las tiendas y enterarse de cuáles son los productos disponibles y a qué precio se están vendiendo, así como las características de éstos. Hay que tener presente que el precio de venta al público no es ni aproximado al precio que lo recibe el supermercado (donde existen muchos costos para operar), por lo que se debe ser cauteloso antes de generar expectativas ficticias. El resultado de esta investigación descrita se convertirá en una propuesta realista y confiable de producto-precio para las dos partes (productor y comprador). Este tema lo abordaremos más adelante en el tema de costeo.

En la primera entrevista el producto debe lucir su máximo potencial, se recomienda llevar el producto seleccionado, limpio libre de basura, libre de residuos de la planta que no pertenecen al producto y si es un producto especializado que pudiera llevar empaque debe llevarse empacado. Si bien pareciera honesto llevar un poco de producto tal y como se obtiene de la cosecha sin seleccionar (en el caso de ser un producto agrícola o forestal) no se recomienda que sea éste la carta de presentación. Para este caso es importante llevar a la mano, por escrito, la dispersión de calidades de la cosecha, es decir de cada 100 kg cuantos son de tamaño grande, mediano y chico.

También, durante una primera reunión se recomienda usar el vocabulario apropiado para cada tipo de producto y que sea utilizado por las personas con quien se van a reunir. Por ejemplo: si en la zona de producción se llama tomate al producto que es rojo y la cita es en la zona centro del país, se debe saber que ahí la palabra "tomate" se refiere al tomate verde con cáscara, ligeramente ácido, que nunca cambia a rojo y que tiene una ocasión de uso distinta.

De este modo, la investigación previa tanto de las prioridades corporativas y propias del comprador del mercado destino y de la competitividad del producto que se va a ofrecer son claves para continuar en el proceso de incorporarse en ese mercado que es del interés del productor. La investigación de mercado es una herramienta que permite recopilar, registrar y analizar los problemas relacionados con la comercialización de productos y servicios, lo que permite soportar las funciones importantes de la empresa (David, 2008: 139).

Identificando oportunidades

Durante la primera entrevista, con la convicción de los productores y el jitomate Cherry sin seleccionar, empacado en una bolsa no traslúcida, poco atractivo, las preguntas en consecuencia fueron con la intención de conocer la pretensiones de los productores respecto del porqué habían acudido a ese destino para su producto. La preguntas fueron: ¿Qué es lo que está dentro de la bolsa?, ¿Tiene algo especial?, ¿Qué lo hace diferente de otros que parecen igual?, ¿Qué pretenden hacer con éste producto? Y la pregunta mayor ¿Por qué motivo dejaría de comprar a los otros para comprar a ustedes?. La respuesta estuvo inclinada hacia una explicación de por qué habían decidido producir jitomate *cherry en vez de producir jitomate saladet o bola (que es el jitomate más común y de mayor volumen), porque los recursos naturales necesarios para la producción eran limitados y no podían competir contra las grandes zonas productoras como Sinaloa. También expresaron que la ocasión de uso de su producto era de menor volumen y consideraron un mercado que sí podían atender. Por lo anterior, se pudo identificar una oportunidad para su jitomate Cherry, como una especialidad y bajo ninguna circunstancia competiría con el jitomate saladet de mayor volumen de comercialización ni por volumen, ni por precio, ni por ocasión de uso.*

Tener claras las oportunidades para su producto da a los productores la posibilidad de continuar adelante en el proceso de comercialización. Sin embargo, identificar las oportunidades en el momento de intentar comercializarlo es un momento tardío, esta decisión debe tomarse durante el proceso de planeación de la empresa, incluso desde la formulación de la misión y visión de la empresa (David, 2008: 59; Alcaraz, 2011: 59).

En el caso particular del mercado de autoservicio (también llamado supermercado), los productos que se comercializan son responsabilidad de quien los provee, incluso el diseño de la estrategia de atención al consumidor final tal como la forma en que se vende, la apariencia. Todas las propuestas son objeto de análisis y aprobación posterior por mecanismos antes establecidos por los corporativos del supermercado en cuestión. Para que los productos nuevos triunfen es necesario que sean "acogidos" por el supermercado, como ocurre en muchas partes del mundo como España (Kantar Worldpanel, citado por Luca Constantini, 2016).

En el apartado anterior hablamos acerca de investigar la competencia, y en esta fase no es indispensable hacer un estudio formal con algún profesional de la materia, aunque si los presupuestos del productor lo permiten es deseable. La investigación de con quién compite el producto que está ofreciendo el productor significa conocer a qué es igual nuestro producto, a qué se parece y si los consumidores lo usan para lo mismo, teniendo como principal elemento el precio. Los productores deben salir de la zona de producción y visitar las zonas de venta como mercados, centros de acopio, centrales de abasto, tiendas, fruterías, supermercados e incluso restaurantes y conceptos de comida rápida, para generarse un panorama acerca de la situación de mercado de su producto y oportunidades de comercialización. Cabe señalar que si se tiene más de un producto, esta exploración del mercado debe hacerse para cada producto y puede ser de forma profesional o empírica, es decir hecha por uno mismo. Lo único que no se recomienda es no hacer esta exploración.

Conociendo los precios, sabiendo la disponibilidad del producto y las ocasiones de uso, en el mercado, se va generando un criterio nuevo que es deseable dejar plasmado en papel aunque éste sea informal, al principio. Es necesario enfatizar que siempre la exploración se debe hacer con el criterio de productor pero con juicio de consumidor.

Decidiendo el rumbo

Después de la retadora primera entrevista y de haber identificado una oportunidad para su jitomate Cherry los productores tenía la convicción de llegar a su mercado destino, destino que si bien no tenían claro la conducción les fue abriendo camino en un proceso reflexivo. En este punto surgieron nuevas preguntas, más simples que las primeras: ¿Qué tenían planeado hacer con su producto los productores?. ¿Cómo lo querían vender?. Destacamos aquí que la pregunta no indicaba "a cómo" o a "que precio" sino más bien fue una reflexión sobre a quién querían dirigirlo y si estaría disponible a granel o empacado o incluso con algún proceso de preparación adicional. La decisión fue empacar el jitomate Cherry sin racimo, en empaque transparente, con etiqueta, dirigido a consumidores que consumen bajas cantidades pero que repiten el consumo al menos semanalmente. La ocasión de uso preferida fue para ensaladas o como guarnición.

Como se había mencionado, una vez establecida la misión de la empresa, ésta debe responder a tres preguntas básicas: ¿Qué necesidad satisface el producto o servicio?, ¿Quiénes son los clientes a los que se pretende alcanzar? y ¿Cómo el producto satisface la necesidad prevista?. La empresa debe observar e investigar tendencias actuales hacia donde se mueve la industria que incursiona y que puedan influir en el éxito o fracaso del negocio, así los objetivos se convierten en metas y compromisos concretos (Alcaraz, 2011: 61).

El plan de los productores era "sin plan, que el cliente intermedio lo decida". Hacer el plan de que se quiere hacer con el producto, dónde se quiere colocar, de qué forma y en qué parte de toda una exhibición, junto a qué producto, etc., es un plan que debe desarrollar un productor dependiendo de lo que busca para su producto. Diferenciar su producto del resto mediante alguna estrategia mercadológica es una responsabilidad del productor. La diferenciación de un producto le da una posición única en el mercado y le permite crear valor para el cliente o consumidor (Porter, 2003: 14).

¿Qué hacemos con este producto? Un producto debe tener un destino bien definido, se debe decidir además de quien es el cliente destino, si estará a granel o empacado, si estará en presentaciones grandes o pequeñas, si el empaque es práctico o será resistente y se tiene que pensar, además si la ocasión de uso lo ubica junto a las frutas, verduras, aderezos, o lechugas desinfectadas listas para comer, etc. Estas decisiones además de la estimación de la venta esperada son las que van a definir posteriormente el diseño del embalaje, entarimado y la frecuencia de la entrega, si el producto es aprobado por el supermercado.

Esta fase de "decidir el rumbo" es un trabajo en conjunto del comprador y del productor ya que éste último conoce la cantidad de producto que puede entregar con la calidad necesaria y en una frecuencia establecida. La entrega de producto en tiempo y forma es vital para lograr la permanencia del producto en el canal comercial y en la lista de compras del consumidor final (sembrar lealtad) y para generar la curiosidad de los consumidores nuevos. La lealtad es la relación que se da entre consumidor y la compra repetida de un producto o servicio como resultado del valor percibido y la satisfacción del consumidor al cubrir sus necesidades, además la confianza de adquirir el producto y el vínculo que se genera entre cliente y empresa (marca) (Luer, 2012; Llardia, 2014).

La participación del comprador, es fundamental entre otras cosas, para sugerir cantidades de producto a suministrar ya que la visibilidad de la cantidad solicitada al productor puede traducirse en ventas o en excesos que genera desperdicio y que con el tiempo resta atractivo al producto tanto para la empresa que lo entrega al consumidor final (puede ser el supermercado), como para el consumidor final que lo compra ya avejentado y sin posibilidades de almacenarlo en casa para su consumo posterior a la compra.

Un producto con exceso de surtido y que no se mueve de la exhibición por falta de ventas debería estar patrocinado por el productor para dar soporte a las pérdidas que se generen (desperdicio o merma) para que el cliente lo encuentre siempre fresco. Si este soporte no es factible se debe determinar con cautela la frecuencia y volumen de entrega, tomando en cuenta los tiempos que tarda en transferirse el producto desde su fecha de cosecha (o producción) hasta su compra en el punto de venta, tomando en consideración al consumidor final.

Hay dos formas de hacer llegar los productos a los puntos de venta. Una forma es directo a puntos de venta pero requiere que el productor tenga la facultad de hacer la distribución frecuentemente y al número de puntos de venta seleccionados. Otra forma es enviarlos a centros de distribución de los supermercados, por ejemplo, donde se tiene que considerar los días o las horas que pasan para su distribución más los tiempos de trayecto de las diferentes rutas.

En marcha

Una vez identificada la oportunidad que tenía el producto y definido el rumbo, los productores "se pusieron en marcha". Su convicción y la guía los llevo a desarrollar diversas actividades para tener en físico el prototipo de su producto, listo para atender el mercado que habían elegido. Las actividades se describen a continuación.

El producto

> El producto fue definido entonces como jitomate Cherry, una especialidad de bajo volumen y con alta calidad, producido en invernadero, con buenas prácticas de producción y como un programa piloto para la generación de asociaciones de productores. El producto se destinó a 20 tiendas, entregado por centro de distribución.

Hablar de calidad se refiere a una serie de características que satisfacen las expectativas y necesidades del cliente intermedio y final. Jacques, Cisneros y Mejía. (2011) opinan que la percepción de calidad es una evaluación subjetiva del cliente o consumidor que considera lo que la empresa ofrece en relación con lo que el cliente o consumidor espera (p. 236). El cliente intermedio para este caso en particular se refiere a la persona o empresa que lo adquieren para colocarlo en sus propios puntos de venta (por ejemplo el supermercado), y no necesariamente para intermediarlo. El producto debe tener condiciones de calidad por ejemplo: tamaño, color, textura, firmeza, grado de madurez (éstos son ejemplos de características necesarias para el producto caso de este estudio- jitomate Cherry). Es necesario aclarar que cada producto de cualquier tipo tiene sus características propias de calidad que si bien el cliente intermedio ya las tiene definidas pueden o no ser negociables dependiendo de las ventajas que el producto ofrece, o también dichas características pueden ser enlistadas por el productor y pactadas con el comprador a fin de definir un nuevo documento con la especificación. La especificación debe ser reproducible bajo las condiciones normales de producción del producto. Es importante ser muy honesto en el establecimiento de dichas características ya que si se especifican estándares altos a fin de quedar bien con el comprador o la empresa, y las ventas son exitosas, posteriormente será difícil satisfacer la especificación generando la necesidad de holgar las tolerancias.

De suceder esto, se corre el riesgo de hacer sentir al consumidor final desatendido e incluso traicionado por el cambio de especificación.

En muchas casos ya existen normas que pueden usarse como referencia, entre ellas, para México por ejemplo: Normas Mexicanas como NMX-FF-031-1997-SCFI para especificaciones de hortalizas frescas - Tomate (Sociedad Mexicana de Normalización y Certificación – Normex, 2008) , Norma Oficial Mexicana que son normas oficiales de carácter obligatorio (Diario Oficial de la Federación, 2017) y las que protegen contra Riesgos Sanitarios como las de Comisión Federal para la Protección contra Riesgos Sanitarios (COFEPRIS, 2017a). Y las normas internacionales, por ejemplo: el sistema de gestión de la inocuidad de los alimentos HACCP (Organización de las Naciones Unidas para la Alimentación y la Agricultura [FAO], 2017a) o el Codex Alimentarius para normas alimenticias (FAO,2017b), las normas de FDA que regulan, entre otros, el uso de ingredientes en alimentos procesados (U.S. Food & Drug [FDA], 2017), las del Departamento de agricultura de Estados Unidos de América para productos hortofrutícolas (United State Department of Agricultura de Estados Unidos de América [USDA], 2017) , etc. Siempre se debe considerar que cada tipo de producto y cada mercado destino tienen sus propios criterios y normatividad.

Adicional, cuando los productos no cumplen sus propias normas no tienen autorización para ser ingresados en los inventarios de la empresa que los recibe (en este caso el supermercado) y puede hacer un rechazo total o parcial del embarque o bien, bajo acuerdo previo puede establecer una multa. Las multas o descuentos se pueden hacer en porcentaje del valor factura del producto o en un monto fijo. No es lo usual que se paguen multas con dinero en efectivo. Un rechazo total del embarque significa incurrir en costos innecesarios como un doble flete o la pérdida parcial del producto que pudiera terminar siendo rematado o peor, desechado.

La presentación

Con la oportunidad localizada, el rumbo definido y el producto especificado, se pudo definir la presentación como un blíster transparente con un contenido de 250 gramos de jitomate cherry, con una etiqueta amarilla, con 24 blisters por caja, enbalados en una caja de cartón de medidas de base estándar de (40x60 cm) de cartón corrugado, surtido 3 veces por semana (100 cajas en cada ocasión).

• Sizing o tamaño de porción.

Cuando se define la presentación de un producto se trata de las necesidades del cliente final (el consumidor) a la par de las necesidades del cliente intermedio (el supermercado). El cliente final es el consumidor, es quien lo va a preparar, cocinar, usar. Para brindar un mejor servicio es necesario pensar como consumidor, pensar acerca de cuál será su uso, quiénes lo van a preferir y cuánto será la porción correcta por persona y si la porción en el envase se adapta al número de personas (en casa o en oficina) que lo van a consumir. También hay que considerar cuántas veces acude un consumidor a hacer su compra por semana, si el producto cuenta con características que le permitan al consumidor guardarlo por algunos días antes de utilizarlo, y si este tiempo de guardado no demerita los atributos del producto (color, firmeza, aroma, apariencia fresca y agradable, etc), a esto se llama medir la vida de anaquel del producto. Hay que recordar que los hábitos están cambiando constantemente y que los consumidores requieren hoy productos y servicios individualizados, con mayor vida de anaquel, saludables, sin insecticidas, sin herbicidas, con antioxidantes [como el licopeno en el jitomate], con vitaminas y minerales, entre otros (Brambila, 2006: 167; Pwc, 2015: 21).

• El empaque.

El empaque correcto es aquel que contiene la cantidad idónea de producto, que le permite lucir sus atributos, que ayude a preservar la calidad y frescura del producto, que puede ser fácil de manejar por el personal de los puntos de venta y por el consumidor, y que contenga información relevante para el consumidor, que le permita al cliente almacenarlo en casa; y actualmente, que sea amigable con el medio ambiente también es alta prioridad. Según las tendencias marcan que tres de cada cuatro "millenials" (consumidores jóvenes) seleccionan productos sanos y empacados en contenedores ecológicos ya que se preocupan por la protección al medio ambiente y si el empaque se diseña para otro uso, es mucho mejor (Toulouse, 2016).

Los empaques pueden ser charolas de unicel cubiertas con plástico, mallas, cajas de cualquier forma, botes, frascos, bolsas, etc., y para productos agrícolas sin proceso se requiere que sean además de atractivos funcionales, es decir, por ejemplo, que sean permeables a gases que respiran los productos de manera natural, pero poco permeables al agua para evitar que se deshidraten. Existe una gran cantidad de empresas que se mantienen al día en tecnologías de empaque especializado como Sigmapack S.A de C.V., Promach Inc,, Gl Plásticos y Empaques, Guangdong Lihong Packaging Co. Ltd, Selig Group, entre otras (Expopack, 2015)

Todo producto empacado debe cumplir con las normas de etiquetado según el país al que vaya dirigido, en México la NOM-051-SCFI/SSAA1 indica puntos obligatorios que debe incluir una etiqueta, por ejemplo, contenido neto, información nutrimental, idioma español, instrucciones de uso, etc. (Diario

Oficial de la Federación, 2017). Además de contener información obligatoria, la etiqueta es la carta de presentación del producto, es el gancho, es la primera experiencia del cliente final con el producto y ésta debe estar visible, debe ser fácilmente legible y estar colocada en el sitio donde el producto luzca mejor en su conjunto, no debe ser la protagonista, pero tampoco debe ser tan pequeña, oculta o aburrida que desestimule al consumidor a acercarse al producto (Marketing-Free, 2017).

Hay que tomar en cuenta que el producto debe hablar por sí mismo, una vez ubicado en "el mueble exhibidor" en las tiendas, el producto no tendrá ningún embajador que lo represente o alguien que explique acerca de él para impulsar su venta, no podrá ser como en la primera reunión donde los productores pudieron hablar de su producto y convencer de su potencial de venta. La marca de un producto la distingue de los demás. El logo y el slogan también contribuyen a diferenciar el producto de la competencia y facilita al cliente o consumidor a conocer y reconocer el producto.

Desde esta perspectiva, para hacer una etiqueta completa es deseable generar una marca la cual puede o no estar registrada. El registro de marcas, en México, se gestiona ante el Instituto Mexicano de Propiedad Industrial (Instituto Mexicano de la Propiedad Intelectual (IMPI, 2017). Al registrar una marca, el productor se hace propietario de ésta y la ley le protege para que no pueda ser utilizada por ninguna otra persona o empresa. Se registran colores, logos, dibujos, e incluso letras y slogan (un slogan es una frase corta que identifica el producto o la marca). Poseer una marca es muy importante, pues si existe el compromiso real de llevar al éxito comercial el producto, los consumidores lo reconocerán y la marca irá ganando participación en el mercado y fama. Si por el contrario existieran errores durante el proceso de producción, distribución o falta de suministro del producto, los consumidores también pueden relacionar todas estas omisiones a través de la marca. Lo más recomendable es generar la marca y trabajar para ganar confianza del consumidor final y también del cliente intermedio.

- El embalaje.

El diseño del embalaje atiende tanto las necesidades del productor (cuidado del producto) como las necesidades del cliente intermedio (del centro de distribución del Supermercado). El embalaje es el empaque que protege a los blisters, es la unidad mínima que se envía a cada punto de venta (o tienda). El embalaje debe adaptase a la logística de distribución, debe tener la resistencia necesaria y la forma que sea fácilmente acoplable o compatible con el embalaje de los demás productos que se envía a puntos de venta. También, el embalaje se elige dependiendo del tipo de producto y principalmente a la rotación que este producto tiene. La rotación del producto indica la velocidad a la que se vende el producto y, en consecuencia, llenar con producto fresco. De las consideraciones más importantes para seleccionar el embalaje es que la caja, contenga la cantidad de piezas (blilsters o empaques) necesarias para que al momento de exhibirse sea atractiva y no se vea vacío el espacio de exhibición, pero que tampoco origine excedentes y en consecuencia desperdicios. Asimismo, debe considerarse que este embalaje sea fácilmente recuperado, reutilizado y/o eliminado sin ocasionar problemas ambientales (García, González & Prado, 2013).

El cliente intermedio

Para comercializar, los productores decidieron para su producto llevarlo al consumidor final a través del supermercado, distribuyendo a tiendas a través del centro de distribución (también llamado CEDIS).

El cliente intermedio es aquel que sin ser quien consume el producto, es quien lo recibe, quien a través de la información brindada por el productor tiene un voto de confianza para distribuirlo, y no necesariamente se trata de un intermediario porque no existe como tal un traspaso de propiedad definitivo. Cuando sí se da un cambio de propiedad, como se observa en canal tradicional de comercialización de productos genéricos, se da de forma simultánea un cambio de responsabilidad entre eslabones de la cadena que conforman el canal comercial, es decir, el productor entrega su producto pero ya no es de su incumbencia lo que pasa con su producto más adelante ni si su producto cumple con las necesidades del consumidor final (Brambila, 2011: 129).

En el caso que estamos abordando, el cliente intermedio es el supermercado y se considera cliente porque también tiene expectativas respecto del producto y del servicio que está por recibir. No es ni por aproximación una instancia de resolución de problemas de comercialización, son empresas con objetivos y por ello también buscan ganancias: ganancia económica y ganancia en términos de porcentaje de participación en el mercado (ANTAD, 2017).

El cliente intermedio necesita que el producto además de la calidad definida, tenga características en su etiqueta y embalaje para poder incorporarlo a su logística de distribución, sistemas de pago a proveedores, sistemas de cobro en tiendas y monitoreo de ventas y merma.

Para lograr lo anterior lo primero es obtener un "número de proveedor" que es lo mismo que "darse de alta como proveedor". El "alta de proveedor es un procedimiento administrativo del corporativo del supermercado seleccionado y el productor sólo debe integrar la documentación solicitada y los contratos debidamente requisitados. Para este paso siempre se cuenta con el soporte y asesoría de personal administrativo del mismo supermercado. Por ejemplo, los documentos que les pueden solicitar a los proveedores son: acta constitutiva en caso de ser persona moral o identificaciones en caso de ser persona física, RFC vigente y sistemas electrónicos de facturación en línea (Sistema de Administración Tributaria [SAT], 2017, comprobantes de domicilio, referencias, etc. Debido a que en la actualidad los pagos a los proveedores ya no son en efectivo ni cheque, se hacen a través de transferencias electrónicas y los pedidos de producto (órdenes de compra) también se envían vía electrónica por lo que se solicitará al productor que adquiera un sistema de vinculación electrónico vía internet para que pueda comunicarse con el área de pagos. Un ejemplo de empresas que crean esta vinculación electrónica es EDICOM, para lo cual el productor debe acudir a solicitar su inscripción a ésta instancia (EDICOM, 2017).

Ingresar los productos a su catálogo, el supermercado requiere tener toda la información del proveedor, del producto y de su empaque, incluso de su manejo correcto.

El "alta de producto" es otro procedimiento interno del cliente intermedio para lo cual se le requiere al productor llenar formatos con la información necesaria, por ejemplo: peso, número de piezas por caja, medidas de la caja, número de cajas por tarima, frecuencia de entrega, temperatura adecuada (si es un perecedero), vida de anaquel e incluso datos acerca del el tamaño del vehículo en el que se realizará la entrega.

Existen empresas que administran los datos de los productos y que los tienen disponibles para diferentes empresas bajo autorización del dueño de la información, en este caso el productor. Como ejemplo de estas empresas está: EWAY y SYNCFONIA que capturan en sus sistemas la información completa de los productos y otra como GS1 que proporciona los códigos de barras indispensables para que el producto se pueda cobrar en las tiendas. Es altamente probable que esto sea un requisito solicitado por el cliente intermedio (EWAY, 2017; GS1, 2017; SYNCFONIA, 2017).

Otros documentos que sea posible serán requeridos al productor son los permisos de operación, certificados de seguridad e higiene si son productos procesados o listos para comer, o certificados oficiales que avalen lo que dice la etiqueta, por ejemplo, "Orgánico" o licencias de la Comisión Federal para la Protección contra Riesgos Sanitarios que protege a la población contra riesgos a la salud provocados por el uso y consumo de bienes y servicios (COFEPRISb, 2017)

El embalaje como se explicó en párrafos anteriores no solo debe proteger el producto que lo contiene sino apoyar en toda la logística de distribución del cliente intermedio, es decir, debe resistir la humedad si es el caso, no debe dañar a los demás productos y debe identificar fácilmente el producto, etc. Es importante destacar que los centros de distribución envían un gran surtido de producto a las tiendas en el mismo embarque, incluso en el mismo "palet" (Palet es una estiba de productos sobre una tarima que se estabilizan con playo o fleje; así, las tiendas reciben pallets completos). Del mismo modo, se pedirá a los productores que su producto lo entreguen a centros de distribución en estas mismas condiciones: empacado, embalado y paletizado (Chep, 2017) en transportes que tengan las características para enramparse en los andenes de carga y descarga y que estén perfectamente limpios y fumigados (Maqpack, 2017; Grupo Flecipol, 2017; Dicex, 2017).

También, el cliente intermedio necesita una serie de documentos que acompañen al producto en cada entrega, por ejemplo: la factura (que tambíen se envía electrónica), acuses de recibo, permisos fitosanitarios para poder movilizar el producto al interior del país si el producto lo requiere (Servicio Nacional de Sanidad Inocuidad Calidad y Calidad Agroalimentaria [SENASICA], 2017), etc.

Cada empresa utiliza formatos diferentes y contratos distintos para integrar proveedores y productos. Todos los requisitos se pueden satisfacer siempre y cuando se tenga el compromiso para aprender a hacerlo, ya que como es sabido, ganar experiencia parece difícil al principio. Existen empresas y personas que brindan servicio de gestoría para realizar los trámites antes descritos y el productor debe decidir si lo hacen o contratan el servicio de gestoría.

La cotización

En la primera entrevista parecía que el precio de venta al consumidor final de jitomate Cherry tenía un precio absurdo de, por ejemplo $19.00 pesos el blíster de 250 gramos. Los productores aseguraban tener costos de producción del jitomate Cherry de $4 a 6 pesos por kg y en una relación simple el producto debería costar $1.5 pesos y precio máximo al público de $5.00 el blíster. Desde su perspectiva en ese momento el cliente intermedio quería quedarse con mucho dinero injustamente. " La cotización final fue de $10.00 por blíster de 250 gramos con expectativas de venta al público de $14.90 pesos.

Cotizar un producto para algún cliente es un trabajo que requiere un análisis detallado previo. En la cotización deben estar incluidos todos los costos que se atañen al producto: costos de producción, costo de recolección y selección, costo de transporte, costo de refrigeración (si es requisito para el cliente intermedio), costo del empaque, costo de la etiqueta, costo de la caja, de la tarima, del playo o fleje, mano de obra en todas las etapas y un porcentaje de la amortización de los costos fijos como maquinaria, infraestructura, trámites administrativos, etc. También es aconsejable incluir un monto para afrontar imprevistos incluyendo control de merma o desperdicio en los puntos de venta así como actividades promocionales si en su momento se requieren. Debe tomarse en cuenta que el cliente intermedio también necesitará un margen de ganancia para enfrentar los costos de operación y compromisos financieros.

Un buen costeo del producto final y un análisis honesto de los precios y presentaciones que ofrece la competencia permite hacer una cotización atractiva, formal y competitiva que brinda muchas posibilidades al producto de ganar un espacio en el anaquel o bien en el canal de comercialización electo. Si los costos son muy altos y el productor no está en condiciones de mejorar lo que ofrece la competencia, la recomendación inmediata es buscar otro canal de comercialización o bien buscar hacer eficientes sus procesos y costos a fin de volverse competitivo.

Bajo ninguna circunstancia se recomienda absorber u omitir costos de ningún tipo y menos omitir el costo del trabajo del productor, de suceder esta omisión en algún momento se tendrá que aumentar los precios de cotización y el cliente intermedio y el consumidor final lo verán como incrementos de precio que son completamente indeseables ya que no ayudan al producto a generar valor para los consumidores (Nalebuff & Adam, 1997: 23).

La prueba de fuego

"El producto definido como jitomate Cherry de invernadero cultivado con buenas prácticas de producción, ofrecido directamente por productores, en presentación en blíster transparente de 250 g de producto seleccionado de primera calidad (liso, sin daño superficial, en grado de madurez rojo), en caja de cartón amarilla con 12 piezas en una sola cama (solo un blíster y no dos encimados) con medidas estándar (40x60cmx20), con costo unitario de \$10.00 y costo por caja de \$120.00 se presentó formalmente ante los directivos para su aprobación definitiva, siendo exitoso. En consecuencia fue autorizado para darlo de alta en el catálogo y elaboración de órdenes de compra (o pedido)."

La prueba de fuego la hemos llamado así, pues cuando el producto está por completo desarrollado, cuenta con información que lo respalda y está correctamente cotizado, entonces está listo para ser presentado de manera formal a las autoridades que aprueban o desaprueban su ingreso al canal comercial seleccionado. Ésta puede que sea su única posibilidad de ingresar al mercado o que sea descartado de forma definitiva. El mercado llamado autoservicio o supermercado, al igual que otros destinos para el producto, es altamente dinámico por lo que los administrativos a cargo deben ser muy eficientes en el manejo del tiempo y toma de decisiones para poder cumplir los objetivos de ventas. Un producto que no tiene posibilidades o no parece tenerlas será eliminado. Por lo anterior, esta presentación ante las autoridades, que lleva un intenso trabajo previo que ya hemos descrito en este capítulo, es como "una prueba de fuego"

De ser aprobado el producto, se solicitará al productor iniciar los trámites de alta de proveedor, alta de artículo y alta en centro de distribución, con la finalidad de generar las órdenes de compra o pedidos. Este tema lo abordamos en párrafos anteriores en el segmento de "el cliente intermedio".

Primera vez

"El alta de proveedor y el alta de artículo se requisitaron y procedieron rápidamente. La cosecha del producto estaba avanzando y las órdenes de compra del primero y segundo pedido se generaron. El producto llegó por primera vez a centro de distribución y al día siguiente ya estaba colocado en la vitrina de frutas y verduras de 20 tiendas seleccionadas, con su etiqueta de precio y junto a las ensaladas líderes en el mercado, como se visualizó cuando se identificó la oportunidad y como cuando se decidió el rumbo de éste jitomate Cherry".

La primera vez que se envía producto a un nuevo destino no debe ser un proceso automático que se da por hecho. Hay que "atar muchos cabos" antes de esta primera vez. En el caso del supermercado, para enviar producto por centro de distribución es necesario buscar entrevistas telefónicas o presenciales con las áreas que reciben el producto para entender y asegurar el éxito del proceso. Para el recibo del producto el embarque no puede llegar en un horario y lugar aleatorio sino debe respetar una hora y un andén especificado, a esto se llama "sacar cita" y se hace vía telefónica o vía correo electrónico. La documentación que debe acompañar el embarque debe ser completa para que los pagos se hagan de forma correcta y en caso de ser productos con permisos sanitarios éstos se puedan movilizar sin retrasos para el cliente intermedio, que es quien lleva a cabo la logística de distribución de éste y los demás productos. Estas áreas encargadas de la administración de andenes y recibir documentación tienen nombres como "recibo", tráfico", etc.

Las áreas que inspeccionan calidad también tienen procedimiento de toma de muestra y conteo de producto para generar un veredicto de aceptación o rechazo del embarque en función de las especificaciones escritas pactadas y aprobadas entre comprador y el productor. Es indispensable contactarlos previamente también para comprender las posibles causas de un rechazo y lograr la entrega exitosa del producto.

Los pedidos se deben surtir al 100% en la fecha y hora indicada (en tiempo y forma) para ir ganando credibilidad tanto del cliente intermedio como del consumidor que busca su producto en el punto de venta (en la tienda).

Por el tipo de mercado, los productos que no logran ser surtidos con la calidad, cantidad y frecuencia necesaria corren el riesgo de salir del catálogo y del mercado, ya que el consumidor final, que es quien determina la aceptación de un producto vía la compra de éste, dejará de mostrar interés y sustituirá de forma rápida su necesidad con otro producto igual o que funcione parecido, esto todavía es más marcado para aquellos productos que son básicos o commodities. Los productos pueden sustituirse de manera paulatina por otros que generen la misma utilidad o valor para consumirlo, de acuerdo con la teoría económica del consumidor (Varian, 2010 p.48).

Es fundamental garantizar el éxito de la primera vez o primera entrega ya que de ser rechazado el embarque no solo se generan pérdidas por costos adicionales sino que el producto embarcado, ya con un excelente diseño y precio competitivo, puede no tener futuro por omisiones administrativas. Un ejemplo metafórico: es como "acompañar al niño al kínder en su primer día de clases", a un niño que va por primera vez al kínder no se debe únicamente abrir la puerta de casa y que se vaya solo o como pueda, hay que guiarlo hasta ser recibido por sus maestras".

Acompañamiento permanente

El jitomate Cherry lucía espectacular junto a las ensaladas, con un precio mucho más competitivo que el de su competencia, pero lo más importante eran las visitas recurrentes de los productores a las tiendas a ver su producto, a tomar fotos, a preguntar opiniones de los encargados de las tiendas sobre la facilidad del manejo, del empaque, del producto y si se estaban registrando ventas; también, a enterarse si el cliente le gustaba. Una constante retroalimentación del productor hacia el comprador para indicar si el producto estaba tendiendo un buen desempeño y si era necesario incrementar el volumen (analizado para cada una de las 20 tiendas) fue clave para lograr que el producto se convirtiera de ser un nuevo lanzamiento a ser un producto recurrente y básico en el surtido de las tiendas.

El acompañamiento permanente puede tener diferentes formas y puede hacerse con bitácoras, formal o bien puede hacerse de forma empírica con la sensibilidad que caracteriza a los productores para saber si algo está marchando bien o requiere ajustes. Este acompañamiento permite calibrar el producto y el proceso, tal vez el producto es demasiado grande o demasiado chico, o tal vez la etiqueta pudiera verse mejor con la iluminación, o tal vez el empaque (blíster) se oprime o es inadecuado para el cliente que lo va comprar, o tal vez en tienda no se pudieron identificar las cajas de producto y lo ubicaron en otro lugar diferente al planeado.

Por su parte, las áreas de compras mediante los procedimientos pertinentes, comunican a las tiendas cuando está por ingresar un nuevo producto para garantizar su éxito. Será el cliente final quien apruebe o desapruebe un producto con su compra, pero para que esto suceda el producto debe estar disponible a los ojos de cliente, es decir, correctamente exhibido. Acompañar a un producto en su experiencia en un mercado nuevo es responsabilidad del productor. Por su parte el productor no vende producto al supermercado, más bien con competitividad gana el derecho de que su producto ocupe un lugar en los anaqueles, los cuales al estar reproducidos en un gran número de tiendas se hace un mercado atractivo por el gran número de consumidores potenciales (Asociación Nacional de Tiendas de Autoservicio y Departamentales [ANTAD], 2017).

Un paso más allá

El entusiasmo del productor no solo alcanzó para vender su producto a través de los muebles del supermercado, ellos fueron más allá: desarrollaron una pequeña etiqueta plástica grado alimenticio que se ubicaba dentro del blíster, sin dañar el producto, con nuevas ideas de uso para el jitomate Cherry, por ejemplo para hacer brochetas, botanas, e incluso cocktelería (bebidas), de este modo buscaron expandir la ocasión de uso de su producto pasando de ser solo un ingrediente para ensaladas a algo más.

Ir más allá consiste en involucrarse en todas esas actividades que no están vinculadas con la producción ni con el proceso básico de comercialización (embarcar producto a un precio convenido), es hacer diversas actividades para posicionar un producto en la mente del consumidor, por ejemplo: contratar un chef que haga demostraciones de preparación en el punto de venta para llamar la atención de los consumidores, contratar personal entrenado en el conocimiento de los atributos destacados del producto para informarlo de manera personal a los consumidores, incluir recetas, o sólo colocar impresos de excelente diseño junto a la exhibición. También se pueden gestionar vínculos con otros productores para ofrecer algo innovador o integrarse a otros mercados, por ejemplo hacer Joint –Ventur que es una forma de cooperación económica entre empresas para alcanzar los mercados con retos competitivos ante los rápidos cambios tecnológicos y crea mayor interdependencia entre las industrias que aventurarse solo a un mercado nuevo (Kathryn, 1986: 219).

Conclusiones

Como productor parece un gran reto poder comercializar de forma directa el producto sin tener que recurrir al intermediario acopiador, a las centrales de abasto donde el precio será pactado al instante dependiendo de las condiciones etéreas del momento (compra spot). Vender directo un producto es factible si se logra superar las barreras del conocimiento, del cómo hacer las cosas de la forma correcta. Al principio, como todo, parece complicado, engorroso e incluso imposible, pero con la convicción y la perseverancia se puede llevar a cabo. Esta historia de éxito es un ejemplo de que la capacitación y conducción de pequeños productores así como su compromiso y la ejecución correcta fueron los cuatro pilares que hicieron posible lo impensable: llevar y mantener por largo tiempo un producto del campo al consumidor a través de los anaqueles de las tiendas de una importante cadena de supermercados.

Referencias

Alcaraz, R. (2011). *El emprendedor de éxito*. D. F., México: The McGraw – Hill.

Asociación Nacional de Tiendas de Autoservicio y Departamentales, ANTAD. (2017). *Indicadores ANTAD 2017. En Indicantad electrónico febrero 2017*. Disponible en http://www.antad.net/documentos/INDICANTAD/2017/Febrero/#.

Brambila, J. (2006). *En el umbral de una agricultura nueva*. Estado de México, México: Universidad Autónoma Chapingo – Colegio de Postgraduados.

Brambila, J. (2011). *Bioeconomía: conceptos y fundamentos*. Estado de México, México: Secretaría de Agricultura, Ganadería, Desarrollo Rural, Pesca y Alimentación.

Chep. (2017). *Acerca de CHEP*. Disponible en http://www.chep.com/mx/

Comisión Federal para la Protección contra Riesgos Sanitarios, COFEPRIS. (2017a*). Normas oficiales mexicanas.* Disponible en http://www.gob.mx/cofepris/

Comisión Federal para la Protección contra Riesgos Sanitarios, COFEPRIS. (2017b). *¿Qué hacemos?*. Disponible en http://www.gob.mx/cofepris/que-hacemos

Constantini, L. (15 de marzo de 2016). ¿Qué productos nuevos triunfaron más en los supermercados en 2015?. El País, España. Disponible en http://economia.elpais.com/economia/2016/03/14/actualidad/1457967939_699312.html

David, F. R. (2008). *Conceptos de administración estratégica.* D.F, México: Pearson Educación.

Dicex. (2017). *Dicex Logistica.* Disponible en http://www.dicex.com/logistica.html#slide2

Diario Oficial de la Federación. *Normas oficiales.* Consultado abril 2017. Disponible en http://www.dof.gob.mx/normasOficiales.php

EDICOM. (2017). *Referente internacional en ecommerce B2B.* Disponible en http://www.edicomgroup.com/es_MX/edicom-connecting-business/company.html.

EWAY. (2017). *Eway* México. Disponible en http://www.eway.com.ar/index-mex.html

Expopack. (2015). *Expositores.* Disponible en http://www.expopack.com.mx/2015/es/visitantes/noticias

FAO. (2017a) *Sistema de análisis de peligros y de puntos críticos de control (HACCP) y directrices para su aplicación.* Disponible en http://www.fao.org/docrep/005/y1579s/y1579s03.htm.

FAO. (2017b). *Codex Alimentarius. Normas internacionales de los alimentos.* Disponible en http://www.fao.org/fao-who-codexalimentarius/codex-home/es/

García, J., González-Portela Garrido T. G. y Prado-Prado, C. (2013). El envase y el embalaje como soporte de la eficiencia y la sostenibilidad en la cadena de suministro. Un enfoque aplicado. *Dirección y Organización,* 51: 33-43. Disponible en http://www.revistadyo.com/index.php/dyo/article/viewFile/436/456

GS1. (2017). *Código de barras.* Disponible en http://www.gs1mexico.org/

Grupo Flecipol. (2017). *Productos.* http://grupoflecipol.com/categoria-producto/fleje/?gclid=CL2M-IyLsdMCFcS3wAodfPAMWg

Homs, R. (2011). *La esencia de la estrategia de marketing.* D.F., México: Cengage Learning.

International Organization for Standardization, ISO. (2010*). ISO 26000. Social Responsability.* Disponible en https://www.iso.org/files/live/sites/isoorg/files/archive/pdf/en/iso_26000_project_overview-es.pdf

International Organization for Standardization, ISO. (2015). *Quality management.* Disponible en https://www.iso.org/iso-9001-quality-management.html.

Instituto Mexicano de la Propiedad Intelectual. (2017). *Solicitud de registro de marca ante el IMPI.* Disponible en http://www.gob.mx/tramites/ficha/solicitud-de-registro-de-marca-ante-el-impi/IMPI88.

Jacques, Film L., Cisneros Martínez, L. F. y Mejía Morelos. J. H. (2011*). Administración de Pymes: emprender, dirigir y desarrollar empresas.* D. F., México: Pearson Educación de México.

Kahle, D. (2011). *Cómo vender cualquier cosa, a cualquier persona, en cualquier momento.* Bogotá, Colombia: Grupo Editorial Norma.

Kathryn, Rudie, H. (1986). *Managing for joint venture success.* New York, USA: Lexington Books.

Luer, C. (10 de mayo de 2012). *4 claves para generar lealtad en tus consumidores.* Disponible en https://www.merca20.com/4-claves-para-generar-lealtad-en-tus-consumidores/

Llardia, N. (26 de junio de 2014). *Branding: ¿Qué es la lealtad de marca?.* [Mensaje en un blog]. Disponible en: https://blog.fromdoppler.com/branding-que-es-la-lealtad-de-marca/

Macpack. (2017). *Expertos en suministros y equipos para empaque y embalaje.* Disponible en https://www.maqpack.com.mx/.

Marketing Free. (2017). *La etiqueta del producto.* Disponible en http://www.marketing-free.com/producto/etiquetas.html.

Navarro, J. (2012). *La importancia personal en las ventas. Smart Bussines.* Disponible en https://jesusonavarro.wordpress.com/2012/02/28/la-importancia-de-la-imagen-personal-en-las-ventas/.

Nalebuff, B. & Adam, M. R. (1997). *Coo-petencia.* Colombia: .Grupo Editorial Norma.

Norma Mexicana. (1997). NMX-FF-031-1997-SCFI. *Productos alimenticios no industrializados para consumo humano – hortalizas frescas – Tomate (Lycopersicun esculentum Mill) – Especificaciones.* D.F., México: Autor.

Norma Oficial Mexicana. (2010). *NOM-051-SCFI/SSA1-2010: Especificaciones generales de etiquetado para alimentos y bebidas no alcohólicas preenvasados-información comercial y sanitaria.* D.F., México: Diario Oficial de la Federación

Organización de las Naciones Unidas para la Alimentación y la Agricultura. (2017). *Codex alimentarious* .Disponible en http://www.fao.org/fao-who-codexalimentarius/codex-home/es/

Porter, M. E. (2003). *Ventaja competitiva.* D.F., México: Compañía Editorial Continental.

Pwc. (2015). *Retail sector: global and Mexican highlights of the supermarket & hypermarket industry.* Disponible en http://www.pwc.com/gx/en/issues/high-growth-markets/publications/convenience-matters.html.

Secretaría de Agricultura, Ganadería, Desarrollo Rural, Pesca y Alimentación-Servicio Nacional de Sanidad, Inocuidad y Calidad Agroalimentaria. (2002). *Manual de Buenas Prácticas Agrícolas: guía para el agricultor. Centro de Investigación en Alimentación y Desarrollo, A.C.* Disponible en https://www.gob.mx/cms/uploads/attachment/file/120191/Manual_de_Buenas_Practicas_Agricolas.pdf.

Secretaría de Energía, SENER. (Marzo, 2017). *Bonos verdes otra opción para impulsar las energías limpias. Energías limpias.* 3(22). Disponible en http://www.gob.mx/cms/uploads/attachment/file/208244/Bolet_n_ENERGIAS_LIMPIAS_Veintidos_ver2_1.pdf.

Secretaría del Trabajo y Previsión Social, STPS. (2013). *Programa Sectorial de Trabajo y Previsión Social 2013-2018.* Disponible en https://www.gob.mx/cms/uploads/attachment/file/40778/Programa_Sectorial_de_Trabajo_y_Prevision_Social_2013-2018.pdf.

Servicio Nacional de Sanidad Inocuidad y Calidad Agroalimentaria, SENASICA. (2017). Senasica-02-003 Expedición del certificado fitosanitario de movilización nacional. Disponible en http://www.gob.mx/senasica/acciones-y-programas/tramites-y-servicios-del-senasica-49054

Sistema de Administración Tributaria, SAT. (2017). *Trámites.* Disponible en http://www.sat.gob.mx/Paginas/Inicio.aspx.

Sociedad Mexicana de Normalización y Certificación. (2008). *NMX-F-CC-22003-NORMEX-IMNC-2008: Sistemas de gestión de la inocuidad de los alimentos.* D.F., México: Autor. http://www.normex.com.mx/index.php?catid=0&id=8

Sociedad Mexicana de Normalización y Certificación. (2008). *NMX-F-CC-22005-NORMEX-IMNC-2008: Trazabilidad de la cadena alimentaria.* D.F., México: Autor. http://www.normex.com.mx/index.php?catid=0&id=8

Toulouse Lautrec. (26/07/2016). *Cinco tendencias de empaque que marcan el 2016.* Disponible en http://www.pqs.pe/tu-negocio/tendencias-empaque-marcan-2016

SYNCFONIA (2017). *Catálogo electrónico.* Disponible en https://www.syncfonia.com/

U.S. Food & Drug, FDA. (2017). *Ley de modernización de la inocuidad de los alimentos (FSMA)*. Disponible en https://www.fda.gov/aboutfda/enespanol/.

United State Department of Agriculture, USDA. (2017). *SNAP and farmers markets*. Disponible en https://www.fns.usda.gov/ebt/snap-and-farmers-markets.

Varian, H.R. (2010). *Intermediate Microeconomics, a modern approach*. New York. London: 6ª edición W.W. Northon & Company.

Capítulo 11
La capacitación como factor de desarrollo empresarial, el caso de la sociedad cooperativa "Cédula Virreynal De 1577"

Verónica Pérez Cerecedo
Karla Pérez Cerecedo

Introducción

La capacitación es un proceso de aprendizaje continuo que permite desarrollar habilidades y/o destrezas que los miembros de una organización o empresa necesitan para mejorar el desempeño de sus actividades, es decir, ser más competitivos.

Según diversos autores, los procesos de capacitación deben ser planeados y diseñados de acuerdo con las necesidades particulares de cada empresa. Es indispensable realizar un diagnóstico previo a diseñar el programa de capacitación, que permita evidenciar cuáles son los principales problemas de la empresa u organización y de esta manera determinar las estrategias más adecuadas.

La capacitación puede ser clasificadas como interna (diseñados y desarrollados por personal dentro de la empresa u organización) o externa (diseñado por empresas o personas externas a la misma), se debe utilizar la que ofrezca mejores resultados para la empresa, es decir, si se trata de capacitación en el trabajo a un nuevo empleado, lo mejor es que otro empleado que conozca el procesos, sea el que le dé la capacitación.

Hoy en día las empresas usan la capacitación como una herramienta para mejorar su productividad laboral, administrativa, financiera, comercial, entre otras. En otras palabras utilizan los procesos de capacitación para mejorar la competitividad empresarial.

Las PYMES y las pequeñas organizaciones rurales consideran aun, que la capacitación es una herramienta cara a la que solo las grandes empresas pueden acceder, sin embargo, los procesos de capacitación pueden y deben adaptarse siempre a las características y necesidades de las empresas u organizaciones en las que se establecerán para garantizar de esta manera la implementación y éxito de los programas de capacitación, lo que permite a éstas fortalecerse en áreas estratégicas auxiliados por programas diseñados para ellas.

El propósito de este capítulo es mostrar cómo la capacitación en áreas como la organizacional, la financiera y de mercado han logrado desde la formalización de una empresa, el desarrollando capacidades gerenciales y han fomentado el desarrollo de la identidad empresarial, pilares para tener presencia comercial.

Antecedentes de la organización

La organización motivo de estudio en este capítulo está conformada por Ejidatarios de las comunidades de Dolores, Mesa de Huicholes y San Vicente perteneciente al municipio del Nayar del estado de Nayarit.

Este municipio es el más grande del estado (cuenta con una extensión de 5.25 miles de kilómetros cuadrados), se encuentra localizado al oeste del estado en la región de la sierra madre occidental, por lo que más del 80% de su territorio tiene un relieve accidentado y tan solo 13% son valles.

Debido a las condiciones geográficas existe solo un camino que comunica a los poblados más alejados de la cabecera municipal, llegándose a hacer hasta 12 horas para transportarse por víveres o servicios médicos especializados, lo que mantiene aisladas económicamente a estas comunidades.

Los ejidatarios de estas comunidades han intentado durante años emprender proyectos productivos que les permitan lograr el desarrollo económico y social de sus comunidades sin éxito, ya que no se he podido lograr la continuidad de ideas o proyectos propuestos, derivado principalmente a que se trabaja con la figura jurídica de ejido y al cambiar de autoridades, los ideales cambian según el origen del comisariado ejidal.

En abril del 2016, los ejidatarios preocupados por la situación por la que atravesaban, tomaron la decisión de reunirse para hacer frente a los problemas de falta de organización, desarrollo de proyectos y generación de oportunidades de desarrollo.

Para este fin, el comisariado ejidal, promovió la participación de un grupo de profesionista en la zona con el fin de hacer frente a esta problemática, brindar apoyo profesional y de este modo contribuir al desarrollo de habilidades que impulsara a los habitantes a ser autogestores. Con el afán de cambiar su situación solicitaron asesoría y acompañamiento mediante planes de capacitación.

La primera decisión tomada por el equipo de trabajo, fue la de realizar un diagnóstico participativo a los ejidatarios, para determinar cuáles eran los principales problemas que enfrentaban.

Derivado del resultado del diagnóstico se planificaron los programas de capacitación en especial, diseñados según las necesidades de los ejidatarios, logrando derivar en la conformación de una sociedad cooperativa de producción rural y el establecimiento de las bases para el desarrollo financiero y comercial que les permita a los ejidatarios la generación de proyectos productivos que impacten económicamente sus comunidades.

Diagnóstico

Para entender la situación a la que se enfrentaban los ejidatarios de las comunidades de Dolores, Mesa de Huicholes y San Vicente, detectar sus necesidades y poder proponer posibles soluciones, la primer estrategia usada fue un acercamiento con los líderes de las comunidades (con la ayuda del comisariado ejidal) con el objetivo de que éstos aceptaran el trabajo del equipo y poder tener acceso a las familias. Se requirió siempre del acompañamiento de un integrante de las autoridades ejidales para que ayudara con los servicios de traducción, ya que el lenguaje fue una de las principales barreras que dificultaban las labores.

Como segunda estrategia se realizaron recorridos por las tres comunidades en compañía de autoridades y líderes, para poder conocer las condiciones geográficas específicas de las comunidades con las que se trabajaría, este recorrido también sirvió para platicar con los participantes y conocer cuáles son los problemas y necesidades que ellos detectan.

Cabe señalar que la convocatoria de las autoridades fue extensiva a todas las comunidades del municipio del Nayar, pero tan solo las 3 comunidades más alejadas de la cabecera municipal accedieron a trabajar.

Los primeros acercamientos con los miembros de las comunidades mencionadas permitieron al equipo darse cuenta de cómo son los usos y costumbres básicos de la región y poder planificar con base en éstos las siguientes estrategias que se usarían para elaborar el diagnóstico con los participantes.

Por lo anterior se decidió usar como tercera estrategia el desarrollo de un diagnóstico participativo[1] como un proceso a través del cual el equipo de trabajo se ganó la confianza de los ejidatarios, con pláticas semi estructuradas y apoyo de algunas técnicas participativas durante varias reuniones (como lluvia de ideas, propuestas, entre otras), que permitieron ir conociendo más a fondo la comunidad, sus antecedentes, identificar sus fortalezas, determinar sus debilidades y establecer con ello propuestas concretas que promovieran la participación activa de todos los habitantes y les permitiera apropiarse de las acciones que se derivarían.

Figura 1. Unidad de producción pecuaria en mesa de Huicholes

Fuente: Karla Perez Cerecedo

[1] Método para determinar, desde el punto de vista de los miembros de la comunidad, qué actividades son necesarias y pueden apoyarse; si los miembros de la comunidad aceptan las actividades propuestas por el personal externo y si tales actividades son razonables y prácticas (FAO).

Las principales actividades económicas que se identificaron son la producción ganadera (solo 6 de los ejidatarios entrevistados se dedican a esta actividad con un hato promedio de 2 vacas, la cría de cerdos y gallinas para autoconsumo principalmente), producción rústica de maíz, frijol y chile siendo en ocasiones insuficiente para el consumo familiar, recolección de algunos frutos como naranja y nanche, recolección de leña, caza y en ocasiones tala de árboles (pino) para venta de madera. También se detectó una pequeña actividad artesanal que consiste en el bordado tradicional de bolsas y ropa.

En cuanto a los problemas, se consiguió reconocer que a estas comunidades las caracteriza el rezago económico en el que se encuentran desde generaciones atrás. Aunado a esto se detectó también un importante rezago social, generado de manera principal por la barrera del idioma, un rezago comercial, problemas de organización y una importante degradación del medio ambiente, entre otros.

Derivado de la problemática identificada la acción propuesta, como estrategia 4, fue la implementación de un programa de capacitación adecuado a los ejidatarios, proceso mediante el cual se les otorgarían conocimientos que les permitieran desarrollar las habilidades necesarias para el logro de sus objetivos.

De acuerdo con lo anterior, se establece la capacitación en tres aspectos: organizativos, financieros y de mercado, para permitir cambiar su orientación de actividades de autoconsumo a una orientada al mercado, aprovechando mejor sus recursos y obteniendo beneficios económicos y sociales con un sentido empresarial con mayores oportunidades.

Tabla 1
Resumen de la problemática que afecta
a las comunidades de Dolores, Mesa de Huicholes
y San Vicente perteneciente al municipio del Nayar,
en el estado de Nayarit

Problema detectado	*Condición*
Poca o nula oferta de productos agropecuarios	Solo se produce maíz, frijol y algunos frutales para autoconsumo.
Falta de infraestructura carretera	Se cuenta solamente con un camino de terracería y no existe transporte público.
Deficiencia en servicios básicos	Aunque se cuenta con servicio de agua, drenaje y electricidad, estos no tienen las características necesarias para las comunidades (por ejemplo el suministro no es constante).
Falta de organización	Aunque existe la figura del ejido, esta no permite dar seguimiento a propuestas o proyectos emprendidos.
Desconocimiento de apoyos federales	Las Reglas de Operación de los programas federales solo se publican en español.
Idioma-Dialecto	El 90% de la población no hablan o entienden bien español.
Degradación de recursos naturales	Derivado principalmente por la tala clandestina.

Fuente: Elaboración propia con información del Diagnostico Participativo y análisis de las condiciones de las comunidades mencionadas.

Diseño, ejecución y seguimiento de planes de capacitación

Derivado de la problemática identificada a través del diagnóstico elaborado, se determinó establecer un programa de capacitación escalonada, iniciando el proceso con las áreas de organización, finanzas y mercado a nivel básico.

El principal reto para diseñar los programas de capacitación, fue integrar los usos y costumbres de los ejidatarios al programa, así como el uso de un lenguaje claro y muy sencillo para transmitir los conocimientos básicos en cada una de las áreas.

Se determinó que el objetivo de los programas de capacitación debería ser el prepararlos para ser autogestores y lograr, de esta manera, emprender proyectos productivos en la región que les permitan mejorar su nivel económico y social.

Antes de iniciar formalmente los procesos de capacitación se realizó una reunión para explicar a los interesados que uno de las principales acciones a seguir para poder tener éxito era el de formalizarlos mediante la constitución de una sociedad cooperativa de producción en la que se concentrarían las acciones a seguir. Lo que se buscó con esto es que quien no estuviera interesado en comprometerse con la nueva PYME a formar, se retirara voluntariamente de los procesos de capacitación.

Para diseñar los programas de capacitación se tomó en cuenta las condiciones de la comunidad y los participantes, por lo que los programas a impartir fueron ágiles, puntuales y claros. Se pactó que era necesaria la participación de las mujeres de la comunidad que serían parte de la sociedad, aunque su participación fue aleatoria, es decir, grupos diferentes de mujeres asistieron a la capacitación en diferentes días.

Figura 2
Esquematización del proceso de capacitación establecido

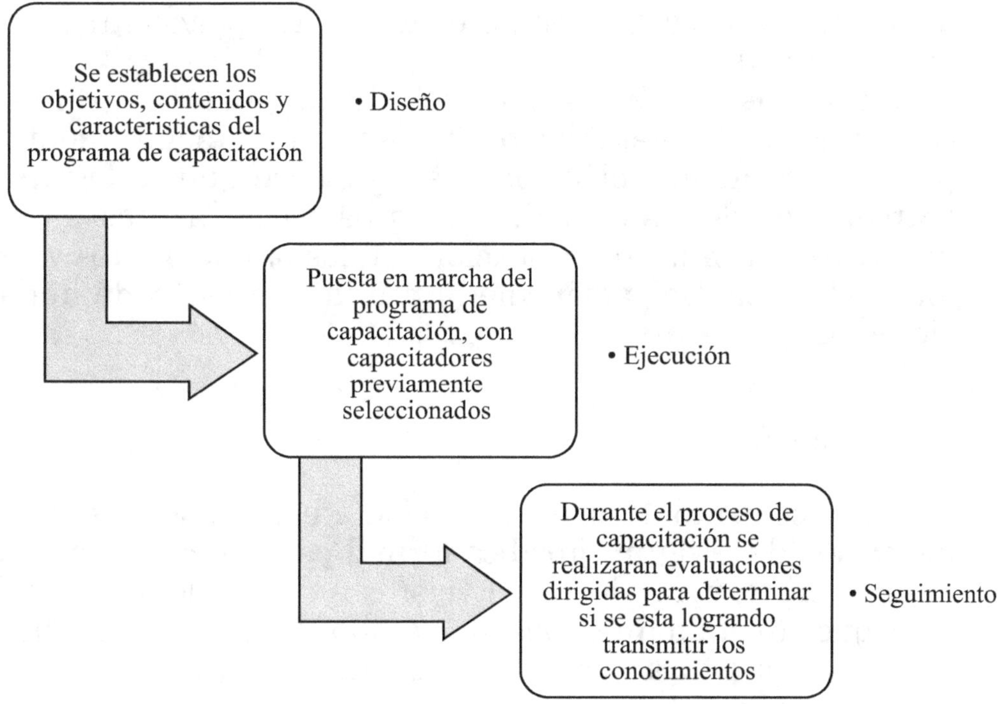

Fuente: Elaboración propia.

Por las condiciones de la comunidad no fue posible el uso de proyectores o material virtual para su ejecución de los programas de capacitación, por lo que el diseño del programa se basó en el uso de herramientas participativas y el desarrollo de ejercicios que les permitieran a los participantes darse cuenta de la importancia de ciertos procesos de acuerdo al área de capacitación.

El programa de capacitación se llevaría a cabo mediante sesiones dirigidas por el equipo de trabajo. El lugar seleccionado fue la comunidad de Mesa de Huicholes, por estar geográficamente en medio de las 3 comunidades, tener servicio de energía eléctrica (aunque no de manera continua) y contar con una casa comunitaria para dar servicio de alimentación y ofrecer un espacio para pernoctar a quien lo necesitara).

Dentro de la formación del diseño del programa de capacitación se estableció que se daría seguimiento al proceso de capacitación, para asegurarse que se lograra la transmisión de los conocimientos básicos. Para este fin, se mantuvo continua comunicación con los participantes y se les fomentó la participación mediante la expresión de dudas o ejemplos.

Organización

Como se comentó, la primera acción a emprender fue la de la formación de la figura jurídica formal para la PYME, por lo que se inició el programa de capacitación con el tema de organización, para que de esta manera los interesados conocieran en primera instancia, la figura que se les proponía y votaran por quienes serían las autoridades de la misma.

Otro de los objetivos de esta área de capacitación, fue brindar a sus integrantes conocimientos acerca del proceso organizativo por lo que se les instruyó en los siguientes temas:

- Concepto, valores y principios de la organización.
- Marco jurídico.
- Proceso constitutivo.
- Estatutos y reglamentos.
- Aspectos administrativos: procesos y recursos humanos, materiales, contables y de control.
- Establecimiento de la misión, visión de la organización.

Para llevar a cabo este plan se realizó una conferencia-taller con duración total de 7 hrs, distribuidos en 2 sesiones, donde se explicaron los temas mencionados. Los materiales usados fueron láminas donde se plasmó la información más importante y con ayuda de dinámicas grupales se reforzó conocimiento y se midió su aprendizaje.

Para dar seguimiento se ha mantenido el contacto a fin de conocer las actividades o proyectos que realizan a través de fotos, listas de asambleas o documentos que lo avalen tales actividades.

Figura 3
Sesión de capacitación en el municipio
de Mesa de Huicholes

Fuente: Karla Pérez Cerecedo.

Adicionalmente al proceso de capacitación se desarrolló un pequeño taller con el objeto de que se seleccionara el nombre oficial que se le daría a la sociedad cooperativa de producción que se pretendía (en ese momento) constituir, además se inició el proceso de formalización de las aportaciones de las partes sociales.

Finanzas

Estas comunidades no cuentan con los recursos necesarios para la producción, innovación o aplicación de tecnología y desarrollo de proyectos. El desconocimiento de recursos económicos internos y externos para acceder a créditos así como de instrumentos financieros restringía el acceso a financiamiento impidiendo ampliar su capacidad productiva.

La segunda fase del proceso de capacitación se realizó en el área de finanzas básicas. El objetivo de éste fue que los participantes conocieran cuáles eran los principales estados financieros y el diseño de un sistema sencillo de contabilidad para que ellos pudieran desarrollar sus propios informes y de esta manera poder acceder a apoyos o crédito.

Por consiguiente, el plan de capacitación para aspectos financieros consistió en explicar la importancia de las finanzas en la organización con el propósito de brindarles conocimientos acerca de los siguientes temas:

- Aspectos básicos de contabilidad.
- Tipos y fuentes de financiamiento.
- Análisis interno de las finanzas.
- Aspectos básicos acerca de estados financieros: estado de resultados, balances, etc.

Los participantes en esta fase fueron sólo las autoridades de la cooperativa, enfocándose principalmente en el tesorero, debido a las funciones que éste desempeñara dentro de la organización o empresa.

Para la ejecución de este plan se desarrolló un taller (con duración de 8 horas) con actividades prácticas y juegos relativos al aprendizaje de las fianzas y relacionadas a su vida cotidiana que les permitiera un mejor aprendizaje.

Mercado

En este sentido, las comunidades no cuentan con un sistema de comercialización, existen tiendas con venta de algunos productos básicos, productos como queso y chorizo son traídos de comunidades más alejadas. El desconocimiento de las necesidades del consumidor no les permite detectar oportunidades y desarrollar actividades comerciales.

La falta de información acerca de mercados y precios ha obstaculizado la posibilidad de explorar mercados, planear la producción y determinar estrategias de comercialización adecuadas.

Figura 4. Producción local de jitomate

Fuente: Karla Pérez Cerecedo.

Derivado de esto, el plan de capacitación de mercado consistió en brindar conocimientos básicos acerca de:

- Concepto e importancia de la comercialización.
- Conocimiento de los mercados potenciales.
- Calidad e inocuidad en producción de básicos.
- Certificaciones.

El objetivo fue prepararlos para identificar características del mercado local y/o regional y del consumidor coadyuvando a la toma de decisiones con el propósito de mejorar sus procesos productivos y desarrollar estrategias de comercialización que generen competitividad. Es así como podrán planear con anticipación su meta dentro del mercado.

Logros alcanzados por la Cooperativa

Durante el proceso de capacitación, los integrantes mostraron gran interés y participación, a pesar de sus dudas, conforme transcurría la capacitación se apropiaban más de la idea de organizarse, de los beneficios de estar integrados y capacitados. El proceso fue guiado en todo momento por un especialista.

Como resultado del proceso de capacitación los beneficios alcanzados fueron:

- La conformación de una cooperativa de producción rural.
- La conformación de la identidad empresarial.
- Sentar las bases financieras de la cooperativa.
- Bases comerciales.

Desarrollo organizativo

Derivado del proceso de capacitación en materia de organización, se consolidó la figura jurídica constituyéndose una Sociedad Cooperativa de Producción Rural bajo el nombre de **"Cedula Virreynal de 1577"**, sus integrantes adquirieron habilidades autogestoras que le han permitido contribuir al desarrollo de nuevos proyectos en beneficio de los cooperativistas.

En la actualidad se encuentran elaborando el proyecto para una UMA (Unidad de Manejo para la Conservación de la Vida Silvestre) para la conservación de especies endémicas tanto animal y vegetal y la introducción de venado cola blanca, además de estar gestionando la instalación de un comedor comunitario en Mesa de Huicholes que prestará servicios a las comunidades vecinas.

La formación de la identidad empresarial

A través del trabajo realizado con los integrantes de la cooperativa en su proceso de conformación se determinó una visión y misión lo que permitió crear una identidad empresarial también llamada identidad corporativa.

Los integrantes de la cooperativa se lograron identificar como un solo ente representado por la organización de la Sociedad cooperativa de producción rural y comprendieron que deben trabajar unidos para que la empresa (PYME) tenga éxito y de esta manera todos los integrantes se beneficien.

La identidad empresarial permitiría identificar a la organización a través de sus elementos más representativos como sus principios y valores. Hoy día se encuentra en proceso de perfeccionamiento de un logotipo que será utilizado para representarlos y el desarrollo de una marca para la comercialización de los productos de la cooperativa.

Bases financieras

Mediante la capacitación en Finanzas, se contribuyó a cuantificar los recursos financieros con los que la cooperativa cuenta, se genera un mejor manejo de sus recursos económicos, se identifican las fuentes de financiamientos y se establece una estructura que les permita acceso a créditos a través de distintas fuentes.

En la actualidad llevan un mayor control de sus finanzas permitiéndoles detectar fuentes de financiamiento para la innovación en tecnología para la producción e infraestructura.

Bases comerciales

Los integrantes de la cooperativa ahora cuentan con conocimientos que les permiten determinar el mercado al cual dirigirán su producto, conocen estrategias de comercialización, aspectos de distribución y logística lo que les permitirá ofrecer sus productos en el momento y lugar más adecuado y con mayor certidumbre en la venta, además de algunas técnicas de negociación incrementando su oportunidad de ganancia.

Hoy día se han destinado terrenos para la producción de hortalizas para ser comercializadas en una primera etapa de manera regional, pero se tiene proyectado la comercialización de sus productos en la cabecera municipal y otros municipios aledaños.

Aunado a lo anterior, se han logrado identificar nuevas oportunidades de negocios para los recursos con los que cuenta la cooperativa, ejemplo de esto es la comercialización de piedra de río, la producción y comercialización de orquídeas (con permiso), la comercialización de artesanías con bordados típicos y la generación de una línea de zapatos.

Figura 5
Producción de bordados

Fuente: Verónica Pérez Cerecedo.

Dentro de estas oportunidades se encuentra también, la conversión a futuro de la UMA en un rancho cinegético que permitirá promover el turismo en la región.

Conclusiones

La capacitación empresarial ejerce un papel importante dentro del desarrollo de competencias y habilidades de las empresas a diferentes niveles, sin importar el tamaño o constitución de la organización. Es importante que los procesos de capacitación sean planeados y diseñados tomando en cuenta las características y necesidades de las empresas u organizaciones para que éstos logren tener éxito y proporcionar beneficios a las empresas.

En el caso de la sociedad cooperativa de producción rural "Cedula Virreynal de 1577" se desarrolló en primera instancia un diagnóstico que permitió identificar las principales necesidades de la misma. Lo anterior sirvió de base para que el proceso de capacitación se enfocara en las áreas claves que se requerían y se diseñara la estrategia adecuada para cumplir con los objetivos de la misma, fomentando con ello el desarrollo de las habilidades y transmisión de conocimientos a los participantes.

Derivado del proceso de capacitación a la sociedad cooperativa "Cedula Virreynal de 1577", se logró constituir a esta de manera formal, crearle una identidad empresarial, fomentar el trabajo en equipo e identificar oportunidades de negocio dentro de la organización que les han permitido hasta el momento iniciar su proceso de consolidación empresarial y comercial.

Referencias

Bohlander, G., Snell, S., & Sherman, A. (2008). Administración de recursos humanos. 14ª. *Ed. Cencage Learning. Editores, SA México.*

Geilfus, F. (2005). *80 herramientas para el desarrollo participativo.* IICA.

Pérez, G., Pineda, U., & Arango, M. D. (2011). La capacitación a través de algunas teorías de aprendizaje y su influencia en la gestión de la empresa. *Revista Virtual Universidad Católica del Norte, 1*(33), 79-100.

Stoner, J., Freeman, E. D. W. A. R. D., & Gilbert Jr, D. R. (1996). Administración, Editorial Prentice Hall. México. VII Edición.

Acerca de los autores

Tirso Javier Hernández Gracia. Doctor en Ciencias Administrativas por la Facultad de Contaduría y Administración de la Universidad Autónoma de Tlaxcala FCA/UAT. Profesor Investigador del Área Académica de Administración (AAA) en el Instituto de Ciencias Económico Administrativas de la Universidad Autónoma del Estado de Hidalgo ICEA/UAEH. Antigüedad como Académico PTC por 30 años de servicio en la UAEH. Líder del Cuerpo Académico en Consolidación "Gestión y Desarrollo Empresarial". Presidente de la Academia Institucional de Metodología perteneciente al Programa Educativo de Administración. E-mail: thernan@uaeh.edu.mx

Karina Valencia Sandoval. Doctora en Ciencias en el área de Economía por el Colegio de Postgraduados. Profesor – Investigador de tiempo completo en el Instituto de Ciencias Económico Administrativas en la Universidad Autónoma del Estado de Hidalgo. Líneas de investigación: Competitividad y Valor Agregado. Actual candidato SNI. E-mail: karivalss@hotmail.com

Ma. Del Rosario García Velazquez. Doctora en Ciencias Administrativas por la Universidad Autónoma de Tlaxcala.

Profesor Investigador con perfil deseable del Área Académica de Administración en el Instituto de Ciencias Económico Administrativas de la Universidad Autónoma del Estado de Hidalgo, con antigüedad de 32 años de servicio Cuenta con el reconocimiento Académico y Certificado ante ANFECA. Presidente y secretario en Academias Institucional. Integrante del Cuerpo Académico en Consolidación "Gestión y Desarrollo Empresarial". Integrante en Redes de Investigación como: MIPYMES del CUMEX. De estudios Bibliométricos. En la Asociación De Expertos En Psicosociología Aplicada - AEPA (ESPAÑA). E-mail. rosariog@uaeh.edu.mx

Duana Ávila Danae. Doctor en Economía por la Sección de Estudios de Posgrado de la Escuela Superior de Economía del Instituto Politécnico Nacional; Maestría en Economía Regional por el Centro de Investigaciones Socioeconómicas de la Universidad Autónoma de Coahuila; Licenciado en Economía por el Instituto Politécnico Nacional. Profesor-Investigador de la Universidad Autónoma del Estado de Hidalgo, Instituto de Ciencias Económico Administrativas-Comercio Exterior. Líneas de investigación: Modelos econométricos, reconocimiento a profesor de tiempo completo con perfil deseable por parte de la Subsecretaría de Educación Superior. Correo electrónico: duananos@yahoo.com.mx.

Adán Sánchez López. Maestro en Administración por la Facultad de Ciencias Económico Administrativas de la Universidad Autónoma de Tlaxcala FCEA/UAT. Profesor de tiempo completo e investigador del cuerpo académico "Desarrollo Empresarial" en la Facultad de Ciencias Económico-Administrativas de la Universidad Autónoma de Tlaxcala FCEA/UAT. Con experiencia en Planeación Estratégica y Consultoría Administrativa. E-mail: sanchez_load@yahoo.com.mx

Alejandra Corichi García. Maestra en Gestión Administrativa por la Universidad Autónoma del Estado de Hidalgo ICEA/UAEH. Profesora Investigadora del Área Académica de Administración en el Instituto de Ciencias Económico Administrativas de la Universidad Autónoma del Estado de Hidalgo ICEA/UAEH. Especialista en Sistemas de Administración y Gestión Empresarial. E-mail: corichi_ale@yahoo.com.

Alejandra de Jesús Guzmán Dimas. Licenciada en Administración con Área de Énfasis en Personal por el Instituto de Ciencias Económico-Administrativas de la Universidad Autónoma del Estado de Hidalgo ICEA/UAEH. Maestrante de la Maestría en Administración perteneciente al PNPC ICEA/UAEH. Correo electrónico: ale_guzmango@ hotmail.com

Alejandra Raquel Méndez Flores. Doctora en Ciencias Administrativas por la Facultad de Ciencias Económico Administrativas de la Universidad Autónoma de Tlaxcala FCEA/UATx. Profesora de tiempo completo en la Facultad de Ciencias Económico-Administrativas de la Universidad Autónoma de Tlaxcala, FCEA/UATx. Investigador del Cuerpo Académico "Desarrollo Empresarial". Académica certificada en Administración por la ANFECA. Y cuenta con perfil deseable por parte del Programa para el Desarrollo Profesional Docente (PRODEP). E-mail: alle_mendez@hotmail.com

Eleazar Villegas González. Doctor en Desarrollo Económico y Sectorial Estratégico por la Universidad Popular Autónoma del Estado de Puebla. Es Licenciado en Contaduría Pública y Maestro en Impuestos por la Escuela Bancaria y Comercial. Es un Académico certificado en Contaduría Pública por la ANFECA (Asociación Nacional de Facultades y Escuelas de Contaduría y Administración). Posee reconocimiento a perfil deseable otorgado por el Prodep. Profesor de Tiempo Completo en la Universidad Autónoma del Estado de Hidalgo, Profesor por asignatura del Instituto Tecnológico de Estudios Superiores Monterrey Campus Hidalgo, y Profesor por asignatura de la Universidad Politécnica de Tulancingo, en el programa de la Maestría en Contribuciones Fiscales. Autor de capítulos de libros, artículos y ha participado en más de diez congresos nacionales e internacionales. Actual candidato SNI. E-mail:eleazarvillegas@hotmail.com

Heidy Cerón Islas. Maestra en Administración por la Universidad Autónoma del Estado de Hidalgo (UAEH). Doctorante en Planeación Estratégica y Dirección de tecnología por la Universidad Popular del Estado de Puebla (UPAEP). Profesor por asignatura del Área Académica de Administración en el Instituto de Ciencias Económico Administrativas de la Universidad Autónoma del Estado de Hidalgo ICEA/UAEH. Especialista en capital humano y mercadotecnia. E-mail: heidy_ceron6257@uaeh.edu.mx.

Karla Pérez Cerecedo. Maestra en Ciencias en Desarrollo Rural Regional por la Universidad Autónoma Chapingo. Consultor en la empresa Consultores en Bioeconomía y Agronegocios S.A. de C.V. Especialista Comercialización y Negocios. E-mail: veka81@hotmail.com

Magnolia López Soto. Estudiante de Doctorado en Economía del Colegio de Posgraduados Campus Montecillos, con maestría en manejo postcosecha de frutas y hortalizas y de carrera Ingeniero Agroindustrial, ha sido Gerente Senior de compras centralizada de frutas y verduras y Gerente Senior de Cadena de Abasto y Desarrollo de proveedores de Walmart

México y Centroamérica. Capacitadora en temas de manejo correcto en almacenamiento, transporte y punto de venta a diferentes elementos de la cadena de valor de productos perecederos. Especialista en comercialización de productos agroalimentarios. E-Mail: magnosoto@gmail.com

María Magdalena Rojas Rojas. Doctora y Maestra en Ciencias en Economía por el Colegio de Postgraduados e Ingeniero Agroindustrial. Socio consultor de Consultores en Bioeconomía y Agronegocios, S. A. de C.V. Especialista en temas de Bioeconomía, Estudios de mercado, Plan de negocio y Portafolio de inversión para la producción. Email:magda.r.rojas@gmail.com

Rosalinda Ortega Jiménez. Licenciada en Contaduría en el Instituto de Ciencias Económico Administrativas de la Universidad Autónoma del Estado de Hidalgo ICEA/UAEH. Actualmente estudiante de la Maestría en Administración perteneciente al PNPC en el Instituto de Ciencias Económico Administrativas de la Universidad Autónoma del Estado de Hidalgo ICEA/UAEH. E-mail lud_fel10@hotmail.com.

Verónica Pérez Cerecedo. Maestra en Ciencias en Economía por el Colegio de Postgraduados. Consultor en la empresa Consultores en Bioeconomía y Agronegocios S.A de C.V. Especialista en Bioeconomia, Tendencias de mercado y finazas. E-mail: veronica.cerecedo@gmail.com.

*Contratación y capacitación: factores de permanencia
del capital humano en las* PYMES
se terminó de imprimir en marzo 2018
el tiraje consta de 1 000 ejemplares